Herbert E. Brekle/Utz Maas (Hrsg.) · Sprachwissenschaft und Volkskunde

Herbert E. Brekle/Utz Maas (Hrsg.)

Sprachwissenschaft und Volkskunde

Perspektiven einer kulturanalytischen
Sprachbetrachtung

Westdeutscher Verlag

CIP-Kurztitelaufnahme der Deutschen Bibliothek

Sprachwissenschaft und Volkskunde: Perspektiven
e. kulturanalyt. Sprachbetrachtung / Herbert E.
Brekle; Utz Maas. - Opladen: Westdeutscher
Verlag, 1986.
  ISBN 3-531-11783-1
NE: Brekle, Herbert E. (Hrsg.)

© 1986 Westdeutscher Verlag, Opladen
Umschlaggestaltung: Horst Dieter Bürkle, Darmstadt
Druck und buchbinderische Verarbeitung:
Lengericher Handelsdruckerei, Lengerich
Printed in Germany

ISBN   3-531-11783-1

Inhalt

Vorwort

Einmal mehr ist die Diskussion innerhalb der Sprachwissenschaft von einer "Krisenwahrnehmung" bestimmt; die "Krise der Sprachwissenschaft" ist aber ein Topos, der die Phasen ihrer institutionellen Verselbständigung seit dem 19. Jahrhundert periodisch markiert. Diese "Krise der Sprachwissenschaft" hat zwei komplementäre Aspekte: einerseits die Modernisierung des Wissenschaftsbetriebes, dessen Professionalisierung durch die zunehmende arbeitsteilige Zerlegung der sprachwissenschaftlichen Forschungen gebunden an ihre Institutionalisierung, andererseits die wachsenden diskursiven Abgrenzungen zwischen den unterschiedlichen Richtungen, die die Verständigung über das, was denn nun die Sprachwissenschaft sei, auch innerhalb der Zunft nahezu unmöglich machen. Eine Rekonstruktion dieser endemischen "Krise der Sprachwissenschaft" wäre mehr als nützlich: Was heute als Konfrontation von sogenannter "harter" und "weicher" Sprachwissenschaft erscheint, steht der Konfrontation vor 100 Jahren um junggrammatischen "Positivismus" bzw. "Formalismus" gegenüber einer mehr ganzheitlichen bzw. kulturhistorischen Orientierung in nichts nach; sie reproduziert sich zyklisch unter gleichen Schlagworten in den Diskussionen nach dem Ersten Weltkrieg (Stichwort "idealistische Neuphilologie"), in den 30er und 40er Jahren (Stichwort "Sprachsoziologie" bzw. "Sprachinhaltsforschung" gegenüber dem deskriptiven Strukturalismus) und schließlich in den Debatten um Soziolinguistik und "materialistische Sprachwissenschaft" gegenüber dem harten Kern der Grammatiktheorie seit dem Ende der 60er Jahre.

Eine solche Rekonstruktion des sprachwissenschaftlichen Diskurses kann dazu führen, daß die Identität von Sprachwissenschaft als historisches Verhältnis verständlich wird - gegen die dominierenden Versuche der eigenen Option zu einem wissenschaftlichen Monopol zu verhelfen, indem man ihr eine respektable Ahnengalerie fabriziert (s. Brekle 1985 für die methodologischen und methodischen Probleme der Sprachwissenschaftsgeschichtsschreibung).

Es ist nur zu verständlich, daß dieser konstitutive Konflikt der Sprachwissenschaft auch eine Verbandsgründung jüngeren

Datums bestimmt wie die Deutsche Gesellschaft für Sprachwissenschaft. Daher schlugen die Herausgeber vor, auf deren Jahrestagung 1985 diese Identitäts- bzw. Kontinuitätsproblematik auf einem konkreten Terrain zum Gegenstand einer Arbeitsgruppe zu machen: am Beispiel des Verhältnisses von Sprachwissenschaft und Volkskunde. Bei Sprachwissenschaft und Volkskunde handelt es sich nun keineswegs um eine beliebige Zusammenstellung, sind doch beide Disziplinen über den längsten Zeitraum des Faches weitgehend in Personalunion der Lehrstuhlinhaber vertreten worden und ist diese Verknüpfung schließlich erst durch die "Modernisierung" der Universitäten in der Bildungsreform am Ende der 60er Jahre unterbrochen worden. Beigetragen dazu hat allerdings auch die Politisierung der Debatten infolge der Studentenbewegung, für die schon die Wortbildung mit Volk- eine Stigmatisierung darstellte (nicht von ungefähr wurde damals auch das volkskundliche Ludwig-Uhland-Institut der Universität Tübingen in Institut für empirische Kulturwissenschaft umbenannt - nicht anders als auch der die verfängliche Tradition konnotierende Terminus Sprachwissenschaft zugunsten des modernen Linguistik aus Gebrauch kam).

Andererseits hat sich aber in den letzten 10 Jahren bei konkreten Forschungsprojekten, nicht zuletzt auch bei zahlreichen Dissertationsvorhaben jüngerer Kollegen, in beiden Disziplinen gezeigt, daß die gemeinsamen Problemstellungen keineswegs ihre Aktualität verloren haben: In der Sprachwissenschaft macht sich eine "kulturanalytische" Orientierung geltend (s. etwa Januschek 1985 oder das Sonderheft "Sprachwissenschaft und Kulturanalyse" von Sprache und Herrschaft Nr. 14/1983), wie auch innerhalb der Volkskunde bzw. der empirischen Kulturwissenschaft die methodologische Reflexion der empirischen Forschung zunehmend zu einer Sprachreflexion wird, um sich des Status der in der Regel ja sprachlich verfaßten Daten zu vergewissern.

Diese Konstellation überzeugte auch die Programmkommission der Deutschen Gesellschaft für Sprachwissenschaft, auf der Jahrestagung in Hamburg im März 1985 eine Arbeitsgruppe Sprachwissenschaft und Volkskunde einzurichten, deren Beiträge hier dokumentiert werden. Auf der einen Seite wurde dort in zwei

Überblicksreferaten jeweils von volkskundlicher und sprachwissenschaftlicher Seite versucht, die fachgeschichtlichen Gemeinsamkeiten und die derzeitigen Verzahnungen der Forschung
vorzustellen (s. hier die Beiträge von Bausinger und Maas);
auf der anderen Seite wurde ein Forum geboten, auf dem sich
laufende Projekte beider Disziplinen vorstellen konnten und
auch die Möglichkeit gegeben war, in Kurzvorträgen methodische oder theoretische Perspektiven zu entwickeln. Die dazu
angemeldeten Vorträge bilden ein breites Spektrum, das sicherlich keineswegs die derzeitige Diskussionssituation abdeckt.
Gehalten wurden folgende Vorträge:
Albrecht Lehmann berichtete über biographische Interviews in
zwei von ihm in Hamburg geleiteten Forschungsprojekten (mit
Hamburger Arbeitern bzw. Aussiedlern) und zeigte die Abhängigkeit der Form der Erzählungen im Interview von der jeweiligen
sozialen Orientierung beim Erzählen (s. auch Lehmann 1983);
Jutta Dornheim exemplifizierte die kommunikativen Konflikte
bei einer volkskundlichen Interviewsituation, aus dem von ihr
durchgeführten Projekt über Krankheitsvorstellungen von Krebs
bei Betroffenen.

Eine Reihe der sprachwissenschaftlichen Beiträge berührten
sich direkt mit dieser volkskundlichen Reflexion auf die
sprachliche Form. Herbert Brekle thematisierte die Grenzziehung des sprachwissenschaftlichen Gegenstandsverständnisses im
Hinblick auf "vorwissenschaftliche" Reflexionsformen über
Sprache ("Volkslinguistik"); Franz Januschek zeigte am Beispiel der Untersuchung von Sprache Jugendlicher, daß die mit
dieser gleichgesetzten Stereotypen mehr mit dem "Sprachden-
ken" der davon Handelnden zu tun haben als mit dem Sprachverhalten der Jugendlichen selbst. K.P. Schneider explorierte
eine metasprachliche Kategorie ("small talk") bei jeweils einer Gruppe deutscher und englischsprachiger Informanten.

Einen klassischen Gegenstand volkskundlicher Forschung, ältere Gesindebücher bzw. Speisezettel unterzog J. McAlister-
Hermann einer detaillierten Analyse ihrer sprachlichen Form,
um die darin eingeschriebenen gesellschaftlichen/kulturellen
Konflikte lesbar zu machen. Da diese Arbeit einerseits von den
mit ihr erschlossenen Quellen zehrt, andererseits bei den Le-

sern dieses Bandes der Umgang mit derartigen Quellen nicht unbedingt vorausgesetzt werden kann, schien es uns als Herausge-
bern sinnvoll, den Umfang dieses Beitrages nicht so zu be-
schränken, wie wir es bei den anderen Beiträgen getan haben.
K. Mattheier steuerte einen Beitrag zu einer spezifischen
kulturanalytischen Tradition der Dialektologie bei und damit
zu dem klassischen Schnittfeld von Volkskunde und Sprachwissenschaft (die Diskussion in der Arbeitsgruppe ging im Ausgang
davon zu Problemen der gegenwärtigen Diskussion über "subjektive Dialektologie", die hier leider nicht dokumentiert sind; s.
hier aber Hinweise in den Beiträgen von Bausinger und Maas).
Schließlich rekonstruierte J. Rehbein die unterschiedlichen
diskursiven Stränge der Redeweise von Kultur: in der Sprachwissenschaft, der Volkskunde bzw. den Sozialwissenschaften generell. G. Simon rekonstruierte anhand der Biographie von G.
Schmidt-Rohr ein problematisches Kapitel der disziplinär nicht
ausdifferenzierten Fachgeschichte: Die "ganzheitliche" Sprachsoziologie im nationalsozialistischen Deutschland.

Trotz einer gewissen Beliebigkeit dieser Zusammenstellung fanden sich in dem Forum der Arbeitsgruppe die erfreulich zahlreichen und aktiv mitdiskutierenden Teilnehmer wieder, so daß
die Organisatoren ermutigt wurden, die Beiträge der weiteren
Fachöffentlichkeit zugänglich zu machen. Die Herausgeber sehen die primäre Funktion dieses Bandes in der Dokumentation
des Forums der Hamburger Tagung. Von daher hatte die möglichst
rasche Erscheinungsweise des Bandes Primat und es ergab sich
ein nicht unerheblicher Zeitdruck auf die Beiträger, denen
dafür aber redaktionell freie Hand gelassen war, ihren Beitrag nach der Diskussion zu verfassen. Dem Zeitdruck sind dann
allerdings die beiden Beiträge von Lehmann und Rehbein zum
Opfer gefallen.

Dankenswerterweise war der Westdeutsche Verlag auch bereit,
eine solche kurzfristige Veröffentlichung zu bewerkstelligen.

Die Herausgeber verbinden mit der Publikation des Bandes die
Hoffnung, daß er das fortführt, was mit dem Forum auf der
Jahrestagung im Frühjahr dieses Jahres begonnen wurde: eine
fruchtbare Auseinandersetzung zwischen den verselbständigten

Disziplinen Sprachwissenschaft und Volkskunde zu befördern und so die wissenschaftliche Diskussion ein Stück weit wieder aus einer Sackgasse herauszumanövrieren, die nur zu leicht als disziplinärer "Sachzwang" kaschiert wird.

Osnabrück/Regensburg   U.M./H.E. B.
im August 1985

Literaturangaben

Brekle, H.E. 1985. Einführung in die Geschichte der Sprachwissenschaft. Darmstadt: Wiss. Buchges.

Januschek, Franz (Hrsg.) 1985. Politische Sprachwissenschaft. Opladen: Westdeutscher Verlag

Lehmann, Albrecht. 1983. Erzählstruktur und Lebenslauf. Frankfurt: Campus.

I Überblicksreferate

Hermann Bausinger

SPRACHE IN DER VOLKSKUNDE

Daß es erhebliche Schnittmengen zwischen Sprachwissenschaft
und Volkskunde gibt, liegt auf der Hand. Mit einer simplen
Aufzählung ist aber sicher nicht viel gewonnen. Wo - und dies
ist selten genug der Fall ! - explizit Stellung bezogen wird,
da zeigt es sich schnell, daß die Schnittmengen verschieden
interpretiert werden: die Außenansicht der Disziplinen ist
anders als ihr Selbstverständnis.

Eine zusätzliche Schwierigkeit ergibt sich daraus, daß sich
die beiden Wissenschaften, aufs Ganze gesehen, nicht auf dem
gleichen Niveau bewegen. Die Sprache in der Volkskunde (wenn
ich mein Thema zunächst einmal so mißverstehen darf) ist einfach, konkretistisch, theoriearm. Der Volkskunde ist seit lan-
gem im Konzert der Wissenschaften der Part zugewiesen, mit
wechselnden Instrumenten eine Vielfalt von bunten Klängen zu
erzeugen; die übergreifenden, dominanten Akkorde kommen anderswo her. Auch die Transformation der Volkskunde in eine kriti-
scher verstandene Wissenschaft, für die Bezeichnungen wie Empirische Kulturwissenschaft oder Europäische Ethnologie stehen, hat daran nicht allzu viel geändert. Ich werde deshalb
nicht den untauglichen Versuch unternehmen, den philoso-
phisch-philologischen Verästelungen sprachwissenschaftlicher
Argumentation zu folgen, um auf einer relativ hohen Abstrak-
tionsebene dann Gemeinsamkeiten festzustellen. Ich gehe vielmehr beschreibend - oder meinetwegen: erzählend - vor, indem
ich einzelne Sachbereiche oder Sachprobleme skizziere und
daran zu zeigen versuche, wie wir mit Sprache umgehen - sei
es nun als Gegenstand oder als Erscheinungsform, als unver-
meidliches Kostüm des Gegenstands. Die gemeinsamen Probleme
und Erkenntnisdimensionen treten dabei hoffentlich hervor.

Vorphasen

Es scheint mir sinnvoll; einleitend daran zu erinnern, daß es
sich bei diesem Treffen und dieser gemeinsamen Bemühung um
eine Art Reunion handelt: zwischen Germanistik und Volkskunde

bestand lange Zeit eine sehr enge Verwandtschaft, ja eine partielle Identität. In ihren Anfängen war Germanistik als umfassende Kulturwissenschaft konzipiert; im Zuge der Differenzierung der Wissenschaften wurden Teile dieses umfassenden Konzepts an andere Disziplinen abgegeben - aber zumindest in der Programmatik blieb lange Zeit der Gedanke einer umfassenden Wissenschaft von der deutschen Kultur erhalten.[1]

Ein Beispiel: Im letzten Viertel des 19. Jahrhunderts erklärte Moriz Heyne, der als Germanist in Basel und Göttingen tätig war, die Aufgabe der deutschen Philologie liege in der Erfassung "des gesamten Geisteslebens unserer Nation und seiner Entfaltung soweit es uns in Denkmälern überliefert. Diese Denkmäler sind nicht bloß solche der Litteratur, sondern auch solche der Kunst, des Gewerbes, der mündlichen Überlieferung". Der Vertreter der deutschen Philologie müsse vertraut sein mit der politischen Geschichte Deutschlands, mit den deutschen Stämmen, ihrer Sprache, ihrer Entwicklung; aber auch "Recht und Staat, Gemeindeverhältnisse, Glauben, Leben, Lebensart und Sitte" rechnete Moriz Heyne zu den Arbeitsgebieten des deutschen Philologen. - In der Praxis sah dies allerdings anders aus, zumindest in der Lehre. Zwar publizierte Moriz Heyne drei Bände "deutscher Hausaltertümer" mit wichtigen Einblicken in die Kulturgeschichte von Wohnung, Nahrung und Kleidung; aber in 46 Göttinger Semestern hielt er 94 Lehrveranstaltungen zum Alt- und Mittelhochdeutschen, 9 zur neueren Literaturgeschichte, 18 zur Altertumskunde (vor allem zur Realienkunde).[2]

Praktisch also war das umfassende Konzept nicht oder nicht mehr zu verwirklichen. Eine gewisse - auch institutionelle - Ausdifferenzierung war unvermeidlich; aber sie vollzog sich zunächst innerhalb des als 'germanistisch' bestimmten Rahmens. Man kann das Attachement der Volkskunde an die Germanistik (das bis vor etwa 20 Jahren die Regel war) als Versuch interpretieren, den umfassenden Anspruch einer Deutsch-Wissenschaft aufrechtzuerhalten. Im 19. Jahrhundert waren Germanistik und Volkskunde über weite Strecken identisch; im 20. galt Volkskunde lange Zeit als Teilbereich der Germanistik.[3]

Folge und Ausdruck dieser Zuordnung war, daß der Hauptakzent

auf der "geistigen Volkskunde" lag, in deren Zentrum die
sprachlichen Überlieferungen standen. Die materielle Volkskultur fiel weitgehend in die Zuständigkeit der Museen. Wo sie
doch einmal auch im Bereich der Universitätsvolkskunde Beachtung fand, war der Auslöser häufig eine sprachliche Provokation: im Zuge der sprachidiotischen Bemühungen stieß man auf
eine Fülle von Vokabeln, die nur zu verstehen und zu erklären
waren über den Rückzug auf die Signifikate - schlagwortartig
wird dieser Zusammenhang in dem Reihentitel "Wörter und Sachen"
gegenwärtig.

Außer dieser allgemeinen Akzentsetzung wirkte sich die germanistische Orientierung darin aus, daß die ausgesprochenen
Kreuzungsfelder betont wurden - die germanistischen Teilbereiche der Volkskunde oder die volkskundlichen Teilbereiche
der Germanistik. Solche Felder gab es im sprachwissenschaftlichen so gut wie im literaturwissenschaftlichen Bereich: dort
war es in erster Linie die Dialektologie mit den Randbereichen
der historischen Wortgeographie und der Wortgeschichte, hier
die Behandlung der Volkspoesie, also das Gebiet der 'Folklo-
ristik' im engeren Sinne.

Für beide Bereiche sind drei Charakteristika anzuführen:
- es handelt sich um regionale, oft lokale Ausdifferenzierungen von Kultur: das Diatopische wird dem Einheitstopos ge-
  genübergestellt;
- es geht um das Kulturgut niedriger Sozialschichten (wenn
  auch keineswegs alle Beachtung fanden) - also Volkskultur
  versus Hochkultur;
- und es geht um eine aus vermeintlich sehr alten historischen
  Schichten gespeiste Welt - also Tradition und Kontinuität
  gegen Innovation und Fortschritt.

So war das Konstrukt der Volkskunde angelegt: sie befaßte sich
mit als prinzipiell ahistorisch verstandenen, in Teilen der
Unterschicht greifbaren Kultursegmenten mit schlichten, simplen Strukturen, in denen die Basis und der Ursprung der übrigen Kultur vermutet wurden. Primitive Grundschicht, Mutterbo-
den, das Völkische oder das Volkhafte: das sind verschiedene
Metaphern für die strukturell gleiche Vorstellung, wobei die

Metaphern allerdings in verschiedene ideologische Theoriezu-
sammenhänge gehören.

Seit dem Ende der fünfziger Jahre ist nun nicht nur die her-
metische Vorstellung einer im Prinzip zeitlosen Grundstruktur
verabschiedet, sondern es werden auch die angeführten drei
Charakteristika in Frage gestellt: Der Einfluß der Kulturin-
dustrie, das Vordringen der Massenkultur macht sowohl regionale wie (zumindest teilweise!) soziale Differenzierungen frag-
würdig.[4] Vor allem aber läßt sich das Konstrukt kontinuier-
licher Fortschreibung über die Jahrhunderte hinweg nicht mehr
halten. Gerade die ernsthaft arbeitende historische Volkskunde[5] hat die in mythische Fernen verlaufenden Linien oft rigo-
ros abschneiden müssen und jüngere (oft sehr junge!) Ent-
stehungszeiten nachgewiesen. Der Akzent verlagerte sich von
der mythischen Dauer auf den geschichtlichen Wandel, und damit wurde auch der Zugriff auf die Gegenwart möglich.

In den germanistisch bestimmten Teilbereichen des Faches bedeutete diese Akzentverlagerung die Abkehr von der geographisch
bestimmten Dialektologie und die Herausbildung einer breiter
verstandenen Soziolinguistik, entsprechend auch das zeitwei-
lige Zurücktreten der Volkspoesie zugunsten der Untersuchung
von Trivialliteratur und Gebrauchsprosa aller Art. Diese Entwicklung wurde im Verbund von Germanistik und Volkskunde voll-
zogen.

Kritik daran gab es in beiden Bereichen. Aber den Volkskundlern wurde die neue Zielsetzung oft bestenfalls als necki-
sche Grenzüberschreitung abgenommen, als kokette Abweichung
von den anderen, den 'eigentlich volkskundlichen' Feldern.
Das alte Bild, der alte Erwartungshorizont wirkten nach. Die
Wahrnehmung von außen war (und ist) anders als die innere
Entwicklung des Faches.

Dabei soll freilich nicht verkannt werden, daß das von außen
oktroyierte Trägheitsmoment auch positive Wirkungen nicht ausschließt. Der Aufbruch zu neuen Ufern führt ja tatsächlich oft
dazu, daß Wichtiges nur deshalb zurückgelassen wird, weil es
für einen Augenblick im toten Winkel greller Interessendomi-
nanz liegt. Weniger bildlich gesprochen: Weder die Dialekt-

forschung noch die Analyse der Volkspoesie waren ja doch mit
der Neuorientierung erledigt; sie begannen vielmehr schon
bald wieder eine Rolle zu spielen - eine etwas andere, von
neuen Perspektiven der Volkskunde geprägte Rolle.

Im folgenden möchte ich ein paar Hinweise auf die Behandlung
von Sprache und Sprachlichem in der Volkskunde geben. Ich wende mich nacheinander drei Bereichen zu:

- den sprachlichen Dimensionen der Alltagskultur,

- Problemen der 'Volksliteratur',

- schließlich der Sprache als Problem der Feldforschung.

Alltagskultur

Zu den häufigeren Schlagworten der neueren Volkskunde gehört
Alltagskultur. Dabei sind zwei Vorstellungen im Spiel:

Man ist sich mehr und mehr dessen bewußt geworden, daß durch
den sogenannten volkskundlichen Kanon ganz überwiegend relativ periphere und sehr besondere Gegenstände erfaßt werden.
Ein Begriff wie Volkskultur unterstellt, daß es sich um zentrale und allgemein übliche Dinge handle - aber der Schweizer
Eduard Strübin hat den wirklichen Sachverhalt vor ein paar
Jahren auf den Nenner gebracht, überall dort, wo wir der Eti-
kettierung Volk- begegnen, handle es sich um etwas, das bestimmt nicht volkstümlich sei.[6] Ist dieses Volksparadox erst
einmal erkannt, so fordert es gründliches Umdenken. Konkret
gesprochen: wenn erst einmal erkannt ist, daß "Volkstracht"
heute und schon einige Zeit eine stilisierte Uniform mit
historisierenden Zügen für relativ kleine Gruppen ist - dann
ist die Volkskunde aufgerufen, sich der alltäglichen Kleidung
zuzuwenden.[7] Alltag fungiert hier gewissermaßen als Auffang-
stellung für die Intention, die Kultur der vielen in den Griff
zu bekommen. Alltagskultur meint insoweit also nichts anderes
als den Ausgriff auf banalere, verbreitete Phänomene unserer
Kultur.

Es ist aber auch eine spezifischere Vorstellung im Spiel, die
letztlich auf die philosophische Phänomenologie zurückzuführen
ren ist, welche im Gefolge Husserls Alltag als universale Kategorie etablierte.[8] In dieser Vorstellung ist Alltag die in

aller Regel nicht hinterfragbare Konfiguration kultureller
Selbstverständlichkeiten. Da ist etwa die Begrüßungsform des
Händeschüttelns. Natürlich kann ich die soziologische Her-
kunftslegende heranziehen, nach der mit dieser Geste ursprünglich die Waffenlosigkeit des Partners überprüft wurde; und ich
kann auch, im Kulturvergleich, darauf hinweisen, daß man sich
nicht überall zur Begrüßung die Hände schüttelt. Aber die Regel ist es ja gerade, daß solche Bräuche nicht reflektiert
werden. Vor allem durch amerikanische Forscher - Ethnographen,
Soziologen, Linguisten - wissen wir, wie wichtig sprachliche
Mittel zur Konstituierung dieses selbstverständlichen Alltags
sind. Harold Garfinkel hat mit seinen "Krisenexperimenten"[9]
gezeigt, wie wesentlich im sprachlichen Alltag "kommunikatives
Handeln" ist und wie gefährlich es sein kann, wenn es in
"Diskurs" überführt wird.[10] Am Beispiel der Alltagsunterhal-
tung von Ehepaaren und anderen Kleingruppen macht Garfinkel
deutlich, daß nicht nur die momentane Verständigung, sondern
das ganze Beziehungsgefüge ins Wanken gerät, wenn einer der
Gesprächsteilnehmer aus der reduzierten Andeutungssprache aus-
bricht und auf rationale Klärungen und Erklärungen pocht. Beispiel: Ein Mann kommt müde von der Arbeit nach Hause. "Was
möchtest Du essen?" fragt seine Frau. Der Mann murrt: "Am
liebsten gar nichts" und versteckt sich hinter seiner Zeitung.
Nähme die Frau die vordergründige Bedeutung dieser Äußerung
ernst, so müßte sie den Herd abstellen, das Kochgerät aus der
Hand legen. Damit wäre die Krise hervorgerufen; ihre Vermeidung dagegen fordert das Eingehen auf den Alltagssinn - das
heißt in diesem chauvinistisch gefärbten Beispiel wortlose
Fortsetzung der Kochkünste mit dem Ziel, dem gestreßten Mann
möglichst bald eine Mahlzeit vorzusetzen.

Für die Sprachwissenschaft blieb der Alltag nicht nur deshalb
im toten Winkel, weil die Sprachpragmatik lange zurücktrat,
sondern auch, weil dem Sinn dieser Art von Alltagskommunika-
tion offensichtlich nur beizukommen war, wenn auf den üblichen
Sinnanspruch sprachlicher Äußerungen verzichtet wurde. Der
Sinn ist hier jenseits der zunächst erschließbaren Bedeutung
der Wörter und Sätze angesiedelt; fast alles spielt sich auf
der Beziehungsebene ab, und gerade die äußerste Redundanz,

ja Tautologie definiert den Sinn. Sprache trägt bei zur Bornierung des Alltags, deren Kehrseite die Stabilisierung ist. Es ist nun keineswegs so, daß auf ausführliche und besonders differenzierte volkskundliche Forschungen in diesem Bereich verwiesen werden könnte. Aber der Alltag ist doch zunehmend wichtiger geworden, nicht zuletzt wegen der Häufigkeit interkultureller Konstellationen. Man weiß, daß beim Erlernen von Fremdsprachen und beim Übersetzen kleine, 'sinnlose' Einschübe wie Partikeln u.ä. besondere Schwierigkeiten machen.[11] Die Sprache in Alltagssituationen wie der eben geschilderten ist aber nicht nur ein nuancierender Einschub in eine sonst klare Äußerung, sondern sie ist gewissermaßen insgesamt 'sinnlos'. Die Anführungszeichen dürfen dabei freilich nicht vergessen werden, denn tatsächlich werden über die sprachlichen Äußerungen, wenn auch nicht über die übliche Aufschlüsselung von Sprache, bestimmte soziokulturelle Strukturierungen faßbar. Am erwähnten Beispiel gezeigt: wenn die Frau die abwehrende Äußerung ihres Mannes zum Anlaß nimmt, ruhig weiterzukochen, so ist dies ein Hinweis auf die absolute Dominanz des von der Arbeit kommenden Mannes, dem es offenbar erlaubt ist, den sinnvollen Dialog zu verweigern. Dies ist aber nicht aus dem Text erschließbar, sondern aus dem Kontext, der Situation, dem generellen kulturellen Hintergrund. Es handelt sich um sprachliche Stereotypie, nicht unbedingt um Stereotypen, da das Moment der eingefrorenen Bewertung fehlt.

Auch im zweiten Beispiel geht es um sprachliche Äußerungen, bei denen ich mit der geläufigen linguistischen Aufschlüsselung scheitere: das Schimpfen. Ich bin nicht ganz sicher, ob es angebracht ist, die Linguistik der Beschimpfung mit einer Beschimpfung der Linguistik zu beginnen: neuerdings wendet sich ja doch auch die Sprachwissenschaft immer häufiger den 'wilderen' Formen der Rede zu.[12] Aber lange Zeit galt, daß die Linguistik Sprachen als ausgewogene Systeme behandelte, so daß unausgewogene Sprechakte leicht abhanden kamen.

Das Schimpfen ist ein solcher unausgewogener Sprechakt. Es ist erstaunlich, freilich auch erklärlich, wie selten es in den umfassenden Darstellungen zur Sprache auftauchte. Es gibt Ausnahmen: In Friedrich Kainz' "Psychologie der Sprache" wird das Schimpfen im Zusammenhang mit dem Fluchen behandelt, und Kainz zeichnet sich ja dadurch aus, daß er der Sprache auch in ihre banalen alltäglichen Verästelungen hinein folgt. Aber selbst er stellt die Frage, ob "im Fluch eine angemessene Verwendung der Sprache zu sehen" ist, ja sogar zugespitzt: ob Flüche zur Sprache gehören?[13] Wer unbeschwert ist von den Konstruktionen der Linguistik, der wird auf diese Frage kopfschüttelnd antworten: Wozu denn sonst? Die Antwort von Kainz ist weniger eindeutig. Er rechnet die Flüche zur Sprache; aber fraglich hält er die Zugehörigkeit zur Sprache "bei den Kümmerformen des Fluchs sowie den schematischen Flüchen, die nicht selten zu Interjektionen von höchst unbestimmter Bedeutung werden und oft in amorphes Kauderwelsch übergehen".[14] Er tadelt die "Herabsetzung der Grammatikalisierung"[15], die beim Schimpfen zu beobachten ist.

Nun könnte man allerdings einwenden, es sei unfair, in der falschen Schublade zu suchen und dann in Jubel darüber auszubrechen, daß man nichts gefunden hat. Immerhin gibt es ja doch sprachliche Untersuchungen, die sich ganz ausdrücklich auf das Schimpfen konzentrieren - vor allen Dingen die Schimpfwörterlexika, in denen Philologen und Kulturhistoriker eine Unzahl von Scheltwörtern zusammengetragen haben. Da kann man dann beispielsweise nachlesen, mit welch abschätzigen Namen man die Vertreter einzelner Berufe ärgern kann - für den Gärtner finden sich in einem Buch von 1910 die Bezeichnungen Erdenwühler, Gurkenmacher, Kabus-Görner, Kohlhase, Mus-Menger und Rabattentreter, für den Kürschner Katzenschinder, Katzianer, Mottenklopfer und Zunähter.[16] Andere ordnen nach Bedeutungsgruppen: Tierbezeichnungen, Körperteile, Berufsangaben usw.; und wieder andere zählen einfach in alphabetischer Reihenfolge auf:[17] Aas, Aasknochen, ABC-Schütze, Abführmittel, Affe, Angeber, Angsthase, Armloch - ein geeigneter Punkt, abzubrechen. Es reicht auch: man sieht, daß hier eine Fülle von Material zur Verfügung steht, Munition für Hunderte und Aberhunderte von Redeschlachten.[18]

Aber steht es wirklich zur Verfügung? Wer in ein Land reist, dessen Sprache er nicht beherrscht, hat mit Hilfe relativ

kleiner Vokabelbücher durchaus die Chance, beim Hotelempfang
vorzubringen, daß er ein Dreibettzimmer will, oder einem Me-
chaniker verständlich zu machen, daß mit dem Getriebe seines
Wagens etwas nicht stimmt. Hat er mit Hilfe eines Schimpf-
wörterbuchs (und manchmal werden solche ja tatsächlich als
eine Art humoristischer Reiseführer angeboten) die Möglichkeit,
jemanden 'richtig' zu beschimpfen? Sicherlich nein.

Was in Schimpfwortsammlungen zusammengetragen ist, das sind
im allgemeinen Wörter, bei denen über den negativen Gefühls-
gehalt weitgehende Übereinstimmung besteht und deren Anwendungsbereich nicht allzu schmal ist. Aber die Anwendung selbst
ist situationsabhängig und folgt Gesetzen, die aus dem Bild-
gehalt nicht mit Sicherheit abgelesen werden können.

Natürlich ist die Anwendung nicht Sache der Lexik und auch
keine Grammatikfrage, sondern Gegenstand der sprachlichen
Pragmatik. Aber es dürfte nicht zufällig sein, daß das Thema
auch dort kaum auftaucht, weil nämlich das Funktionieren weder aus dem Text noch aus der Beschreibung als Redekonstella-
tionstyp ableitbar ist, es ist vielmehr eine Frage des Kon-
texts und seines gesamten kulturellen Hintergrunds. Die Hierarchie der Schimpfwörter wechselt von Landschaft zu Landschaft, sie ist verschieden in verschiedenen Schichten, und
sie unterliegt Modernisierungsschüben und Verschleißprozessen.
Hinsichtlich der landschaftlichen Verschiedenheit kann etwa
an die Schwierigkeiten erinnert werden, die sich nach dem
Krieg zwischen Flüchtlingen und Einheimischen ergaben - und
zwar nicht aufgrund des Tatbestands wechselseitiger Beschimpfung, sondern deshalb, weil die verwendeten Schimpfwörter von
den Beteiligten sehr verschieden eingeschätzt wurden. Was die
zeitliche Verschiebung anlangt, so ist auf die Erfahrung von
Eltern zu verweisen, die von ihren halbwüchsigen Kindern in
relativer Harmlosigkeit mit Ausdrücken belegt werden, die sie
selber keineswegs als harmlos empfinden. Zu diesen Schwierigkeiten der verdeckten Bewertungsskalen kommt die verschiedene
stilistische Handhabung, die wiederum kulturell geprägt ist.
In einzelnen Kulturen gibt es rituelle Formen der Beschimpfung,
die eine sehr präzise Gratwanderung zwischen Beleidigung und
Spiel vorzeichnen,[19] und auch bei uns gibt es neben dem

affektiven Schimpfen zumindest habhafte Reste ritualisierter
Formen. Will man solche Differenzierungen und Spielarten aus-
leuchten, so bedarf es einer Zusammenarbeit oder Zuarbeit
zwischen Volkskunde und Sprachpragmatik.

Ein drittes Beispiel möge nur noch im Vorübergehen erwähnt
werden, obwohl gerade hier sehr viel Material von beiden Seiten zusammengetragen wurde: die Anredeformen.[20] Lange Zeit
bildeten sie einen relativ unproblematischen Bestandteil der
Grammatik - seit einiger Zeit aber sind erhebliche Probleme
im Anwendungsbereich aufgetaucht. Wer Ausländern Deutschunterricht gibt, kennt die Schwierigkeiten. Die Faustregel "Im
Zweifelsfalle Sie", die lange Zeit alle Probleme überbrückte,
ist löcherig geworden - es gibt immer mehr Konstellationen
und Situationen mit Duzzwang. Die Verschiebung ist innerhalb
relativ kurzer Zeit eingetreten; dabei sind mehrere Ursprungs-
bereiche festzumachen: Ein wichtiger Impuls lag sicher in der
Studentenbewegung, die vielfach - in schöner akademischer Ego-
zentrik - als alleinige Ursache angeführt wird. Die Anrede
Du war in diesem Umkreis ein Stück Protestverhalten gegen die
Sie-Welt der Etablierten, sie schloß aber auch erhebliche
Solidaritätserwartungen ein (die Konventionalität von Sprache
wurde unterschätzt). Daneben ist aber auch die Mobilisierung
der Jugendkultur zu erwähnen, die zur Übertragung lokaler Umgangsformen auf die überlokale Kommunikation führten, und in
einer gewissen Verbindung damit der Juvenilismus der ganzen
Gesellschaft. Anzuführen ist aber auch die Ausbreitung von
Freizeitsituationen, in denen sich das unverbindliche Du
durchsetzte, und schließlich die wachsende Verflechtung von
Freizeitsituationen mit der Arbeitswelt (man denke an die
grassierende Feier-Kultur in manchen Büros).

Es scheint mir weder nötig noch sinnvoll, eine Rechnung aufzu-
machen, wo linguistische und wo kulturwissenschaftliche Zu-
griffe am Platze sind - jedenfalls braucht man sehr viel Ein-
blick in den soziokulturellen Hintergrund, um die Entwicklung
und die Situation richtig einzuschätzen, und selbst eine
schlichte Empirie ist ohne Hintergrundswissen (das die Fragen
steuert und die Kategorien festlegt) nicht denkbar. Wenn das
Hintergrundswissen vorhanden ist, dann kommt den sprachlichen

Signalen eine beachtliche Entschlüsselungsmöglichkeit zu. In
seinem Aufsatz "How to ask for a drink in Subanun" gelang es
Charles O. Frake, Struktur und Wesen einer Teilkultur auf Min-
danao anhand einer einzigen Kommunikationssituation zu erläutern.[21] Es liegt auf der Hand, daß dies mit komplexeren Kulturen so nicht möglich ist. Dennoch: eine differenzierte Analyse "Zu wem man in Deutschland Du sagt" könnte durchaus interessante Einblicke in die Kultur und die Strukturen unserer
Gesellschaft vermitteln.

Volksliteratur

Man kann durchaus die Frage stellen, ob die Behandlung von
Volksliteratur hier am richtigen Platz ist. Natürlich handelt
es sich um sprachliche Materialien; aber die Zuordnung zur
Literaturwissenschaft ist ganz eindeutig. An dem von Eberhard
Lämmert einberufenen, umfassenden Symposion zur Erzählfor-
schung[22] waren bezeichnenderweise Linguisten kaum beteiligt.
Andererseits läßt es sich nicht verkennen, daß sich neuerdings
in der Sprachwissenschaft ein ausgeprägtes Interesse an diesem
Bereich herausbildet. Von den vielerlei Gründen, die dafür angeführt werden könnten, mögen einige wichtige genannt sein: Im
Umkreis der Volkserzählung bietet sich der Pragmatik die Chance, daß sich die Anwendungen nicht im Unbestimmt-Kulturellen
verlieren, sondern daß ein Typengefüge vorgegeben ist - die
Redekonstellationstypen sind gewissermaßen von der sprachlichen Seite her vordefiniert. Eine andere Seite dieses Sachver-
halts ist, daß hier Texte, kleine Einheiten sprachlicher Äußerung vorliegen. Und schließlich - wieder eine andere Seite -
kann in diesem Bereich mit Hilfe von verwirklichten Formen
eine Typologie der Äußerungen entwickelt werden. Die Theorie
des Erzählens, wie sie von Konrad Ehlich[23], Jochen Rehbein[24]
u.a. anvisiert wird, ist eine sehr grundsätzliche Bemühung um
Diskurs- und Textformen. Diese Theorie erhebt sich über die
Einfachen Formen, wie sie von dem Literaturwissenschaftler
André Jolles entwickelt[25] und dann vor allem in der Volkskunde zum Gliederungsinstrument gemacht wurden.[26]

Die Volkskunde hat diese Formenreihe allerdings in Bewegung
versetzt, in geschichtliche Zusammenhänge gestellt. Sie hat
nicht nur Verschiebungen innerhalb bestimmter Formen regi-

striert, sondern auch die epochengebundene, historische Herausbildung neuer Typen. Während Volkskunde - mit dem Vorwurf
der einfachen Formen und ähnlichen Konzepten - der Literaturwissenschaft lange Zeit eine unhistorische Typologie zur Verfügung zu stellen schien, leistet sie jetzt gerade ihren Beitrag dazu, Gattung nicht als Urgestalt, sondern als historisch
geworden und allmählich normiert und erst dadurch normierend
zu verstehen.[27]

Die normative Kraft von Sprach- und Erzählmustern reicht übrigens über die quasi klassischen Erzählformen, die einfachen
Formen, hinaus. Am Rande verschiedener Disziplinen hat sich
in den letzten Jahren die Bemühung um "oral history" ver-
stärkt; vor allem die Geschichtswissenschaft hat dieses Feld
fleißig bebaut und so zum Ernstnehmen, gleichzeitig aber auch
zum Problematisieren zeitgeschichtlicher Quellen beigetragen.
Die Volkskunde hat hier mitgezogen, auch sie wendet sich seit
knapp zwei Jahrzehnten vermehrt Lebenserfahrungen und Lebens-
beschreibungen zu.[28] Einer der fachspezifischen Akzente dabei
ist die Rückkoppelung an die Erzählforschung[29] - damit wird
das Material der schlichten Realismusvermutung entzogen, aus
der ebenso simplen wie schiefen Opposition wahr oder falsch
befreit und in das komplexe Gefüge aus Tatsachen, selektiver
Perzeption, umformender Erinnerung und mehreren Stufen sprachlicher Gestaltung überführt.

Ein anderer Aspekt der historischen Durchdringung des lange
als zeitlos verstandenen historischen Erzählmaterials ist die
neue Einschätzung des Verhältnisses von mündlicher und schriftlicher Tradition.[30] Zumindest für Mitteleuropa mit seiner aus-
geprägten Schriftkultur haben die Erzählforscher in vielen
Details nachgewiesen, daß Tradierungsprozesse, die man lange
Zeit als rein mündliche verstand, in Wirklichkeit mindestens
semiliterarisch waren. Rudolf Schenda, um wenigstens ein Beispiel zu nennen, hat kürzlich eindrucksvolle Belege zur mündlichen Genovefa-Überlieferung beigebracht, aber nur, um dann
zu folgern: "Die von Früh- und Spätromantikern geglaubte
Theorie jahrhundertelanger ausschließlich mündlicher Tradie-
rung von Erzählinhalten ist nicht beweisbar." Seine Gewährs-
person, so schließt er, "ererbte ihre Genovefa-Geschichte

nicht von ihren Urvätern, sondern wahrscheinlich von einem
Lesenkönnenden aus dem Dorf, der eines Winterabends Christoph
von Schmids 'Genovefa' in der Fassung eines Reutlinger Volks-
büchleins vorlas." Schenda nennt diese Art der Kulturtradie-
rung semiliterarisch oder semioral: "Einer in einer Gruppe
ist literarisiert, er trägt einen literarischen Stoff in der
Kirche, in der Schulstube, beim Lichtkarz oder auf dem Wochen-
markt vor; die anderen, die Analphabeten, memorieren das Gehörte und tragen es mündlich weiter und partizipieren so an
einem Teil des Wissens der Literaturgesellschaft. - Die historischen Quellen sind reich an Belegen für orales und semi-
literarisches Weiterreichen von populären Erzählungen. Wenn
diese Quellen bisher nicht ausgeschöpft wurden, so muß man
vermuten, daß die Folkloristen ihren Wissensdurst bisher an
anderen Brunnen gestillt haben: denen der Mythologie, der Mo-
tivkomparatistik, der ahistorischen Textinterpretation."[31]

Das Corpus gedruckter Erzählstoffe, die Literatur, wirkt in
verschiedener Weise auf die Folklore ein: Einmal handelt es
sich um den inzüchtigen Zusammenhang volkskundlicher Sammlungen - die Mehrzahl der Sagensammler des 19. Jahrhundert hat
die Erzählungen nicht aus dem Volksmund aufgezeichnet, sondern
aus Chroniken und schon existierenden Sammlungen abgeschrie-
ben.[32] Sie haben das in der Regel nicht zugegeben, sondern im
allgemeinen hinter der Vokabel Volk- (Volkssage, Volksmärchen
etc.) versteckt, die den mündlichen Ursprung zwar nicht zwingend behauptete, aber doch nahelegte. Zum andern ist an den
semiliterarischen Vorgang zu denken, den Schenda schildert:
alphabetisierte Frauen und Männer bringen ihre Lektüre in Er-
zählvorgänge ein, die von sammelnden Volkskundlern als auto-
nome mündliche Tradierungsprozesse mißverstanden werden.
Schließlich, eine Sonderform der semiliterarischen Prozesse:
Erzählerin oder Erzähler, die dem Volkskundler etwas weiterge-
ben, haben ihre Stoffe unmittelbar aus der Literatur aufgenommen.

Praktisch bedeutet dies, daß auch schon für das oft beschwore-
ne alte Dorf nicht mit der Totalität des Mündlichen zu rechnen
ist. Zwar überwog die Weitergabe mündlicher Art, und bis zu
einem gewissen Grad darf in diesem historischen Umkreis mit

der Wirksamkeit "struktureller Amnesie" gerechnet werden[33] -
das Gedächtnis und die Kommunikation konzentrierten sich auf
das, was relevant war und was (oft in der Form der Erzählung)
wichtige Lebensanweisungen vermittelte, während das andere
vergessen wurde. Ausschließlich aber war der mündliche Tra-
dierungsprozeß nicht.

Dieser sprachliche Befund fügt sich ein in einen allgemeinen
gemeindegeschichtlichen. Die Gemeindeuntersuchungen waren lange Zeit bestimmt von theoretischen Ganzheitspostulaten, wie
sie von Ferdinand Tönnies[34] oder auch Robert Redfield[35] entwickelt worden waren. Unter einer realistischeren historischen Perspektive kamen diese Ganzheitsvorstellungen abhanden.
Neuerdings werden sie wieder diskutiert - aber eben in Ausein-
andersetzungen mit Strukturen, welche die alten Organismus-
modelle durchbrechen: Herrschaft, Hierarchie, außengeleitete
Strukturen gewissermaßen.[36]

In ähnlicher Weise wird auch die Frage nach der besonderen
Funktion von Mündlichkeit neu gestellt. Die Durchdringung von
Schriftkultur und Erzählen bedeutet ja nicht, daß der Mündlichkeit nicht eine besondere Qualität zukommen könnte, daß es
sich dabei nicht um ein besonderes Bedingungsgefüge handelt.
Die face-to-face-Situation schafft eine Rückkoppelungsmöglich-
keit, die sonst nicht oder kaum vorhanden ist; sie unterwirft
möglicherweise das Gesagte sehr deutlich der "Präventivzensur",
die Bogatyrev und Jakobson als eines der Merkmale von Folklore
herausstellten.[37] Solche Überlegungen zur Mündlichkeit unterscheiden sich jedoch von der Annahme einer verabsolutierten
Oralität als vermeintlich eigener, völlig unbeeinflußter Kul-
turmodalität.

Zu den (auch in unserem Zusammenhang) wichtigsten Akzenten der
gegenwärtigen Erzählforschung gehört es, daß sie sich, schlagwortartig gesagt, von den Texten wegbewegt zum Kontext,[38] von
den Erzählstoffen zur Performanz des Erzählens.[39] Dieser Begriff Performanz bedarf im Umkreis der Sprachwissenschaft
allerdings der Erläuterung - gerade deshalb, weil er mit dem
sprachwissenschaftlichen Performanzbegriff konkurriert. Teilweise läßt sich der Begriff der Erzählperformanz aus dem lin-

guistischen Performanzbegriff ableiten: es geht um die Reali-
sierung von Erzählakten. Daneben aber kommt eine andere, zusätzliche Bedeutung ins Spiel, die im englichen performance
enthalten ist: die künstlerische Gestaltung, die Darbietungs-
form, eine besondere, gekonnte Weise der Vermittlung an einen
definierbaren Zuhörerkreis. Ein großer Teil der amerikanischen
Erzählforscher verwendet performance geradezu als Wertbegriff,
der die aus einer künstlerischen oder doch bewußten Erzählhal-
tung geborene Vermittlung von der simplen sprachlichen Wiedergabe abgrenzt, der die Bezeichnung Performanz verweigert
wird.[40]

Bei der Erforschung der erzählerischen Performanz kommen soziale Gegebenheiten ins Spiel; aber natürlich handelt es sich
großenteils um einen sprachlichen Prozeß, der allerdings nicht
nur die Erzählung, sondern auch die Einbettung in den weiteren
Kontext betrifft, auch in den weiteren Sprachkontext. Hier
stellen sich Fragen der Art: wie wird eine Erzählung angekün-
digt, wie sichert sich der Erzähler das Rederecht, wie wehrt
er Einwürfe ab oder verabschiedet sie - alles Fragen, die im
Kreuzungsbereich von Volkskunde und Linguistik stehen. Dabei
scheinen mir Lösungen nur schwer erreichbar, wenn die Sprache
autonomisiert wird. Mit einiger Verwunderung registriert der
Volkskundler Versuche, beispielsweise das Interview als Rede-
konstellationstyp mit linguistischen Kategorien allein zu beschreiben und zu definieren.[41] Nicht ganz ohne boshafte Be-
friedigung stellt er fest, daß es (ich folge hier linguistischer Selbstkritik![42]) nicht gelungen ist, auf diese Weise
Interview und Verhör voneinander zu unterscheiden. Warum wun-
dert man sich eigentlich darüber? Zunächst ist die Parallelisierung ja gar nicht so falsch, ist zumindest ein provokantes
Ergebnis. Vor allem aber: warum muß das abstrahierend bestimmt
werden, warum werden die kulturellen Felder und Bestimmungs-
größen (Wissenschaft versus Gericht) nicht in die Definition
einbezogen?

Text und Kontext stehen so nicht nur in einem komplementären
Verhältnis, sondern dem kulturellen Umfeld kommt vielfach eine
Priorität zu, die allerdings durch den relativierenden Begriff
Kontext eher verschleiert wird.

Sprache als Durchgangsstation: Feldforschung

Es gibt bestimmte Teilgebiete der Volkskunde, in denen sprachliches Material angehäuft und interpretiert wird. Es gibt andere, in denen es - auf den ersten Blick - überhaupt nicht um
Sprache geht: ich will wissen, welche Bilder die Leute aufhän-
gen und warum; ich frage nach Formen der Laienmedikation; ich
interessiere mich, wer sich an Fastnacht verkleidet und wie;
ich erkundige mich, wie ein Brauch abläuft; ich will etwas
darüber erfahren, wie die Frauen die Zeit im Krieg und nach
dem Krieg bewältigt haben - und so weiter. Es geht bei diesen
Fragen nicht um Sprache. Aber es liegt auf der Hand, daß bei
der Erhebung, "im Feld", die Sprache eine Durchgangsstation
ist - und natürlich auch, daß ich die Befunde sprachlich beschreiben und darstellen muß.

Sprache als Durchgangsstation - das Bild scheint mir richtig
zu sein. Allerdings kommt es darauf an, welcher Charakter
dieser Durchgangsstation zugeschrieben wird. Lange Zeit ver-
hielt man sich in der Volkskunde der Sprache gegenüber naiv:
man nahm sie als Vehikel, das unvermeidbar war - wo sie vermieden werden konnte, ließ man sie auch beiseite; man sammel-
te, betonte, daß man die Sachen selbst sprechen lasse, ohne
die Frage zu stellen, ob sie ohne Sprache überhaupt sprechen
können. Jedenfalls wurde die Sprache nicht eigens reflektiert. Neuerdings ist der empirischen volkskundlichen Forschung die Differenz zwischen sprachlicher Referenz und der
Sache selbst (die aber ja immer nur sprachlich faßbar ist)
bewußt geworden. Sprache wird als Bedeutungsträger gefaßt;
sprachliche Äußerungen über einen Gegenstand werden als Teil
des Gegenstandes verstanden, als Teil seiner Bedeutung, die
überhaupt nur über eine sorgfältige Interpretation des Gesagten erschließbar ist.[43]

Man könnte dies sehr eingehend zeigen, indem man ältere Arbeiten zur Volksmedizin neben die vor kurzem erschienene Untersuchung von Jutta Dornheim über "Kranksein im dörflichen Alltag"[44] stellt. Einige Andeutungen mögen genügen. In den älteren Arbeiten finden wir durchgängig generalisierende Fest-
stellungen: in XY - oder gleich: in der und der Region - wird
gegen... das und das gemacht. Ich zitiere die Klassiker

Hovorka-Kronfeld: "Gegen den Biß einer Kreuzotter wird in
Dänemark... empfohlen, den Kopf des Tieres mitten durchzu-
schneiden und die Wundenden des Kopfes auf die Bißstelle zu
legen."[45] Oder: "Krebse werden in der Pfalz... oft in der wah-
ren Bedeutung des Wortes genommen und die Ursache der Krankheit einem bösartigen fressenden Tiere zugeschrieben."[46] In
den neueren Arbeiten wird dagegen das Gesagte sorgfältig ab-
gewogen: Was ist beispielsweise gemeint, wenn von einem Tier
die Rede ist - ist es das wirkliche Tier, ist es nur eine Metapher, und was heißt das dann, wie hat man sich eine realisiert gedachte Tiermetapher vorzustellen; wie sind überhaupt
die Äußerungen zu bewerten, wie sind sie eingebettet in die
Gesamtstruktur einer Person, einer Gruppe, eines ganzen Orts?

Abkürzend könnte man sagen, daß die früheren Belege verwendet
wurden wie quantitative Daten (obwohl es sich oft um ganz
vereinzelte Erhebungen handelte) - Daten, die in sich fest
sind und nicht zu problematisieren, von Interesse gewissermaßen nur im Zeichen einer binären Erkenntnisstruktur: gibt
es das oder gibt es das nicht? Neuerdings treten demgegenüber
in der Volkskunde ganz stark kontrollierte qualitative Methoden in den Vordergrund.[47]

Dafür sind mehrere Gründe anzuführen. Neben dem Ungenügen an
harten Daten spielen sicherlich auch die hohen Kosten fun-
dierter quantitativer Erhebungen eine Rolle - durch manche
Plädoyers für qualitative Forschung schimmert das Saure-Trau-
ben-Argument durch. Vor allem aber geht es um die Notwendigkeit und die Chancen genauer Interpretation. Diese Notwendigkeit ist nicht nur eine Folge der Sensibilisierung für Differenzierungen, sondern auch eine Konsequenz der höheren Komplexität, mit der wir es heute auf fast allen Gebieten zu tun
haben. Vielleicht (ich zweifle allerdings sehr daran!) war es
ja wirklich einmal so, daß "in Dänemark" Kreuzotternbisse generell so bekämpft wurden und daß man "in der Pfalz" die
Krankheit Krebs mit einem Tier identifizierte. Heute jedenfalls hat man es mit einem sehr komplexen Schichtgefüge des
Realen und mit sprachlichen Mehrdeutigkeiten[48] zu tun, die
sich nicht auf einen Nenner bügeln lassen.

Semantische Polyvalenzen und individuelle, in der Situation begründete Spezialfärbungen des Gesagten sind keineswegs die Ausnahme. Es mag genügen, anhand von zwei Belegen das Problem zu erläutern:

In einer kleinen Erhebung zum Fernsehverhalten, die Studierende, der Zeitschrift "HÖR ZU" entlang, durchführten, kam von einer älteren Frau an zwei Stellen eine wörtlich gleiche Äußerung: "Ach, immer dieses Zeug - ich kann's nicht mehr sehen!". Das eine Mal handelte es sich um eine Dreieckskomödie mit Blödeleinschlag, deren Attraktion auch in der züchtigen "HÖR ZU" mit schwellenden Busenansätzen dokumentiert wurde; "dieses Zeug" bezog sich also auf erotische Freizügigkeit. Das andere Mal handelte es sich um ein Fernsehspiel über die NS-Zeit und den Zweiten Weltkrieg. "Dieses Zeug" meinte also eine abgelegte, verdrängte Erinnerung. Natürlich läßt sich dieser Befund quantitativ aufdröseln - unbeliebt sind 1. erotische Filme, 2. Sendungen über das Dritte Reich. Aber ist damit nicht Wesentliches preisgegeben? Man horcht ja doch auf über die merkwürdige Parallelisierung, die auf 'Obszönitäten' sehr verschiedenen Zuschnitts verweist. Damit ist noch nichts erklärt, aber ein Problem ist erkannt. Die Sprache fungiert also als Signal, als Alarmzeichen für Auffallendes - wobei freilich auch hier festzustellen ist, daß das Problem im engen Rahmen einer linguistischen Analyse nicht lösbar ist. Die linguistische Pragmatik hat ihre Grenzen, da dem Sprachlichen oft nur eine Indikatorfunktion zukommt.

Zweites Beispiel: Im Rahmen einer nicht sehr systematischen, allgemeinen Gemeindeerhebung kommt die Unterhaltung auf die Frau des Ortsvorstehers. Feststellung eines älteren Mannes, die er zweimal wiederholt: "Deschd a Hex" (das ist eine Hexe). Ich will nun nicht behaupten, daß die ältere Folgerung der Volkskundler aus dieser Feststellung gewesen wäre: in XY gibt es noch Hexen. Aber an einer solchen Äußerung ist deutlich zu machen, wie komplex die dahinterstehenden Sachverhalte bzw. Einstellungen sind. Natürlich ist es nicht zufällig, daß der Ausdruck "Hexe" verwendet wird; er verweist auf eine ambivalente Einstellung, welche einerseits auf bösartige und unberechenbare Macht, andererseits auch - mit erotischer Konnota-

tion - auf verführerische Sympathie verweist. Wiederum ist
das sprachliche Zeichen ein Signal, eine Provokation. Das
Problem muß mit Hilfe anderer Zeichen eingekreist werden -
aber wiederum ist es nicht durch sprachliche Analyse im engeren Sinne lösbar.

Damit ist im Grunde ein generelles Ergebnis der hier vorge-
tragenen, sehr vorläufigen Überlegungen angedeutet: Nicht der
Text bringt die Lösung, sondern der Kontext, der sich allerdings - und insofern ist Sprache nicht zu beurlauben! - wieder aus Texten zusammensetzen kann.

Nur noch anhangsweise kann ein Stichwort aufgenommen werden,
das schon nominell eine Brücke schlägt zwischen Volkskunde
und Linguistik: die "Volkslinguistik", zu der Herbert Brekle
kürzlich interessante Überlegungen vorgetragen hat.[49] Schon
in der traditionellen Volkskunde gibt es vielerlei Ansätze aus
diesem Bereich. Nicht nur an die Volksetymologie im engeren
Sinne ist zu erinnern, sondern auch an sprachätiologische Sagen[50], an aus Namen entwickelte Erzählungen. Rainer Wimmer
hat eine Untersuchung zu Tolkiens Erzählweise "Aus Namen
Mythen machen" überschrieben[51] - im Grunde bezeichnet er so
eine gängige Form der Sagenbildung und der Erzählüberliefe-
rung. Neuerdings sind Versuche zur "Volkslinguistik" vor allen Dingen in der Dialektologie greifbar, in den Versuchen,
die Abgrenzung von Dialekten aufgrund populärer Einschätzun-
gen vorzunehmen oder doch mit Hilfe der im Volk registrierten Auffälligkeiten zu gewissen Differenzierungen in der Erkenntnis von Sprachstrukturen und ihrer Verteilung zu kommen,
aber auch, jenseits der topographischen Fragestellung Ein-
blick in Sprachbewußtsein und Sprachbewertungen zu gewinnen.
Die methodischen Probleme dieser Vorgehensweise scheinen mir
allerdings noch nicht ganz geklärt, und die Grenzen des Verfahrens sind recht deutlich. Die sehr allgemeine und vage
Einschätzung von Unterschiedlichkeiten ("dort spricht man
wieder ganz anders") ist nur schwer zu einer abstrahierend-
analytischen Kategorienbildung in Beziehung zu setzen.

Schwierigkeiten ergeben sich aber auch noch von einer anderen
Seite, auf die hier deshalb hingewiesen werden soll, weil die

entsprechende Erfahrung in der Volkskunde schon älter und
wohl auch genereller ist. Es geschieht durchaus, daß bei Erhebungen zur subjektiven Dialektologie Stammesbezeichnungen
und zum Teil raffiniertere Kategorien der Dialektforschung
aufgetischt werden. In der Volkskunde ging man früher mit
entsprechenden Äußerungen recht naiv um. Man glaubte daran,
daß man im Direktverfahren die alten, ursprünglichen Ein-
schätzungen erheben könnte, gewissermaßen ungetrübt vorwissenschaftliche Attitüden und Bewertungen. Tatsächlich sind die
Einstellungen aber in aller Regel überlagert von wissenschaftlichen Begriffen. Den Vorgängen der Fastnacht haben die Volkskundler seit mehr als einem Jahrhundert Vorstellungen von
germanischer Kontinuität appliziert - die Folge war, daß bald
schon die Gewährsleute im Feld jeden Narrensprung als germanischen Fruchtbarkeitskult bezeichneten und jeden Strohbären
mit der Wintersonnenwende in Zusammenhang brachten. Eben
jetzt haben wir es mit einem neuen Schub zu tun: Eine ebenso
einseitige kirchliche Interpretation (Fastnacht als Ausdruck
der Augustinischen Zweireichelehre[53]) ist bereits über Vorträge, Medien, Zeitungsberichte popularisiert und in die
Volks-Volkskunde übernommen worden. "Ich bin der Narr, also
die Eitelkeit der Welt" sagte ein Fastnachter zu einem neugie-
rigen Volkskundler.

Es scheint also unvermeidlich, daß mit den volkstümlichen
Auffassungen auch Aufgüsse älterer und jüngerer wissenschaftlicher Lehren erhoben werden. Dies gilt auch für den Bereich
der Volkslinguistik, die ganz sicher nicht einfach vorwissenschaftliche Einstellungen freilegt. Interessant bleibt sie
trotzdem, und in der Tat bleibt hier noch viel zu fragen:
welche Auffassungen von Sprache, Sprechen und Sprechern gibt
es? Wie ist es z.B. mit der Einschätzung von Beredsamkeit und
Rhetorik - in verschiedenen Sozialschichten, aber auch regional und geschlechtsspezifisch differenziert? In all diesen
Fällen aber geht es nicht darum, das Autochthone aufzudecken,
sondern Einstellungen aufzuschlüsseln und dabei auch die
Sedimente älterer wissenschaftlicher oder elitärer Einschätzun-
gen festzustellen.

Noch einmal: Diese knappen Bemerkungen zur "Volkslinguistik"
sind nur als Koda zu verstehen. Als Resumee für das, was hier
- vorläufig und offen nach allen Seiten - vorgetragen wurde,
bietet sich an: Die Sprache wird in der Volkskunde heute sehr
viel genauer angesehen als früher. Nur selten aber sind über
die sprachlichen Strukturen allein Lösungen zu erzielen,
sichere Ergebnisse zu gewinnen. Die Bedeutung der Sprache und
des Sprachlichen in der Volkskunde verweist eher auf Kooperation mit der Linguistik als auf bloße Methodenübernahme.

Anmerkungen

1 Vgl. Hermann Bausinger: Germanistik als Kulturwissenschaft.
  In: Jahrbuch Deutsch als Fremdsprache 6 (1980), S. 17-31.

2 Vgl. Waldemar R. Röhrbein: Moriz Heyne 1837-1906. In:
  Göttinger Jahrbuch 23 (1975), S. 171-200; hier S. 186f.

3 Vgl. Wolfgang Emmerich: Zur Kritik der Volkstumsideologie.
  Frankfurt a.M. 1971, wo die ideologische Seite der Koppe-
  lung herausgearbeitet ist.

4 Vgl. Hermann Bausinger: Volkskultur in der technischen Welt.
  Stuttgart 1961.

5 Hervorzuheben sind hier die Arbeiten von Hans Moser und
  Karl-S. Kramer, denen inzwischen viele Volkskundler gefolgt
  sind.

6 Aussprache anläßlich der Generalversammlung der Schweizeri-
  schen Gesellschaft für Volkskunde 1969; vgl. den Bericht
  von Walter Escher und Hans Trümpy in: Schweizer Volkskunde
  59 (1969), S. 57ff.

7 Vgl. Karen Ellwanger: Das Kleid und sein Preis. Mschr. Ma-
  gisterarbeit Tübingen 1980; Hermann Bausinger: Konzepte
  der Gegenwartskunde. In: Österreichische Zeitschrift für
  Volkskunde 87 (1984), S. 89-106; hier S. 93-96.

8 Hier wie an anderen Stellen soll keine umfassende Bibliographie, sondern nur ein erster Hinweis gegeben werden:
  Vgl. die kritische Stellungnahme zur Alltags-Konjunktur in
  der Wissenschaft von Richard Albrecht: Alltagsleben - Variationen über einen neuen Forschungsbereich. In: Neue
  Politische Literatur Jg. 26 (1981), S. 1-12.

9 Harold Garfinkel: Studies in Ethnomethodology. Englewood
  Cliffs 1967, S. 45 passim.

10 Zu diesen Termini vgl. Jürgen Habermas: Vorbereitende Bemerkungen zu einer Theorie der kommunikativen Kompetenz.
   In: Habermas/Luhmann: Theorie der Gesellschaft oder Sozial-
   technologie. Was leistet die Systemforschung? Frankfurt/M.
   1971, S. 101-141.

11 Vgl. Harald Weydt (Hg.): Die Partikeln der deutschen Sprache. Berlin, New York 1979.

12 Hier ist etwa auf die Zeitschrift "Maledicta" zu verweisen,
   die seit 1977 erscheint.

13 Psychologie der Sprache. I; Stuttgart [4]1967, S. 196.

14 Ebd.

15 Ebd. S. 194

16 Heinrich Klenz: Schelten-Wörterbuch. Die Berufs-, besonders Handwerkerschelten und Verwandtes. Straßburg 1910, S. 37 u. 81.

17 Als ein Beispiel unter vielen Ludwig Kapeller: Das Schimpf-Buch. Vom Amtsschimmel bis Zimtziege. Herrenalb 1962.

18 Eine Fülle von Material bietet natürlich auch das mehrbändige "Wörterbuch der deutschen Umgangssprache" von Heinz Küpper, Hamburg 1955ff.

19 Über ein solches Ritual bei Schwarzen in den Vereinigten Staaten vgl. John Dollard: The Dozens: Dialectic of Insult. In: The American Imago I (1939-40), S. 3-25; William Labov: Rules for Ritual Insult. In: David Sudnow (Hg.): Studies in Social Interaction. New York, London 1972, S. 120-169.

20 Vgl. Kurt Bayer: Die Anredepronomina Du und Sie. Thesen zu einem semantischen Konflikt im Hochschulbereich. In: Deutsche Sprache 1979, S. 212-219; Hermann Bausinger: Sie oder Du? Zum Wandel der pronominalen Anrede im Deutschen. In: Sprache und Sprechen. Festschrift E. Zwirner, hg. von E. Ezawa u.a. Tübingen 1979, S. 3-11.

21 The Ethnography of Communication. American Anthropology 66 (1964), Special Publication, S. 127-132.

22 Vgl. Eberhard Lämmert: Erzählforschung. Ein Symposion. Stuttgart 1982.

23 Vgl. Alltägliches Erzählen. In: Willy Sanders, Klaus Wegenast (Hg.:): Erzählen für Kinder - Erzählen von Gott. Stuttgart etc. 1983, S. 128-150.

24 Beschreiben, Berichten und Erzählen. In: Konrad Ehlich (Hg.): Erzählen in der Schule. Tübingen 1984.

25 Einfache Formen. Legende/Sage/Mythe/Rätsel/Spruch/Kasus/Memorabile/Märchen/Witz. Halle 1929.

26 Vgl. hierzu Hermann Bausinger: Einfache Formen. In: Enzyklopädie des Märchens III, Sp. 1211-1226.

27 Klaus Kanzog: Erzählstrategie. Eine Einführung in die Norm-Einübung des Erzählens. Heidelberg 1976; Hermann Bausinger: Formen der "Volkspoesie". Berlin [2]1980.

28 Vgl. Rolf Wilhelm Brednich u.a. (Hg.): Lebenslauf und Le-
   benszusammenhang. Autobiographische Materialien in der
   volkskundlichen Forschung. Freiburg i.Br. 1982; Bernd
   Jürgen Warneken: Populare Autobiographik. Empirische Studien zu einer Quellengattung der Alltagsforschung. Tübingen
   1985.
29 Vgl. Albrecht Lehmann: Erzählstruktur und Lebenslauf. Autobiographische Untersuchungen. Frankfurt, New York 1983,
   sowie die anderen einschlägigen Studien von Albrecht Lehmann - vgl. seinen Beitrag in diesem Band.
30 Vgl. Maja Bošković-Stulli (Hg.): Folklore und mündliche
   Kommunikation. Zagreb 1981, mit verschiedenen grundsätz-
   lichen Beiträgen.
31 Volkserzählung und Sozialgeschichte. In: Il confronto
   letterario 1. Jg. (1984), S. 265-279; hier S. 268f.
32 Vgl. Rudolf Schenda: Mären von deutschen Sagen. Bemerkungen zur Produktion von 'Volkserzählungen' zwischen 1850
   und 1870. In: Geschichte und Gesellschaft 10 (1983), S.
   26-48.
33 Vgl. hierzu Jack Goody, Ian Watt: The Consequences of
   Literacy. In: Comparative Studies in Society and History
   5 (1962/63), S. 304-345.
34 Gemeinschaft und Gesellschaft. Grundbegriffe der reinen
   Soziologie. Darmstadt 1963 (1. Aufl. 1887).
35 Vgl. Die 'Folk'-Gesellschaft. In: Wilhelm E. Mühlmann,
   Ernst W. Müller: Kulturanthropologie. Köln, Berlin 1966,
   S. 327-355. Es soll angemerkt werden, daß Redfield in seinen empirischen Arbeiten den idealtypischen Entwurf deutlich relativiert.
36 Als Beispiel sei hingewiesen auf Utz Jeggle: Kiebingen -
   eine Heimatgeschichte. Tübingen 1977.
37 Peter Grigorevich Bogatyrev, Roman Jakobson: Die Folklore
   als eine besondere Form des Schaffens. In: Donum Natalicium
   Schrijnen. Nijmegen, Utrecht 1929, S. 900-913; hier S. 903.
38 Vgl. Dan Ben-Amos: Zu einer Definition der Folklore im Kontext. In: Jahrbuch für Volksliedforschung 26 (1981), S.
   15-30.

39 Vgl. Barre Toelken: Zum Begriff der Performanz im dynami-
schen Kontext der Volksüberlieferung. In: Zeitschrift für
Volkskunde 77 (1981), S. 37-50.

40 Vgl. William R. Bascom: Verbal Art. In: Journal of American
Folklore 68 (1955), S. 245-252; das von Bascom entwickelte
Konzept ist nach wie vor bestimmend für die amerikanische
Erzählforschung.

41 Vgl. Jörg Hennig, Lutz Huth: Kommunikation als Problem der
Linguistik. Göttingen 1975, S. 141-145.

42 Neben Hennig/Huth (wie Anm. 41) vgl. Wolfgang Sucharowski:
Gespräch - ein Gegenstand der Linguistik? In: Wirkendes
Wort 2/1984, S. 102-120; hier S. 109f.

43 Utz Maas, dem die Volkskunde eine Fülle von Anregungen
und Fragen in diesem Bereich verdankt, hat diesem Problem
im Dezember 1983 in Osnabrück ein Symposion von Sprach-
und Kulturwissenschaftlern gewidmet.

44 Untertitel: Soziokulturelle Aspekte des Umgangs mit Krebs.
Tübingen 1983. Vgl. den Beitrag von Jutta Dornheim in diesem Band.

45 O. von Hovorka, A. Kronfeld: Vergleichende Volksmedizin.
2. Band Stuttgart 1909, S. 437.

46 Ebd. S. 401.

47 Vgl. Utz Jeggle (Hg.): Feldforschung. Qualitative Methoden
in der Kulturanalyse. Tübingen 1984.

48 Vgl. Hermann Bausinger: 'Mehrsprachigkeit' in Alltags-
situationen. In: Helmut Henne, Wolfgang Mentrup (Hg.):
Wortschatz und Verständigungsprobleme. Jahrbuch 1982 des
Instituts für deutsche Sprache. Düsseldorf 1983, S. 17-33.

49 'Volkslinguistik': ein Gegenstand der Sprachwissenschaft
bzw. ihrer Historiographie? In: Franz Januschek (Hg.):
Politische Sprachwissenschaft. Zur Analyse von Sprache als
kultureller Praxis. Opladen 1985, S. 145-156.

50 Vgl. Hermann Bausinger (wie Anm. 27), S. 185f.

51 Aus Namen Mythen machen - Zu J.R.R. Tolkiens Konstruktion
fiktionaler Welten. In: Lämmert (Hg.): Erzählforschung
(wie Anm. 22), S. 552-567.

52 Vgl. etwa die zum Druck vorbereiteten Aufsätze von Klaus J.
Mattheier: Dialektologie der Dialektsprecher. Überlegungen

zu einem interpretativen Ansatz in der Dialektologie, und
Peter Scherfer: Quelques traits fondamentaux de la
conscience linguistique en Franche-Comté.
53 Vgl. Dietz-Rüdiger Moser: Narren - Prinzen - Jesuiten. Das
Karnevalskönigreich am Collegium Germanicum in Rom und
seine Parallelen. In: Zeitschrift für Volkskunde 77 (1981),
S. 167-208.

Utz Maas

VOLKSKUNDLICHES (KULTUR) IN DER SPRACHWISSENSCHAFT

> Tout fait de la langue manifeste un fait de
> civilisation.
>
> Antoine Meillet (1932)

Der Titel des Beitrages[1] macht schon die Schwierigkeit bei der
Festlegung seines Gegenstandes deutlich: Volkskundliches und
Kultur sind nicht von ungefähr in der Schwebe gelassen. Bestimmt ist das Thema durch die Fachgeschichte, in der Sprachwissenschaft und Volkskunde, oft genug in Personalunion be-
trieben, einen gemeinsamen Gegenstand hatten; es geht darum,
an die gemeinsame Fachgeschichte beider Disziplinen anzu-
knüpfen.
Ein Rückgriff auf die ältere Fachgeschichte, die Kulturwissenschaft des 19. Jahrhunderts, prägt so die eine Variante
der Titelformulierung: Kultur in der Sprachwissenschaft. Die
Redeweise von Kultur steht hier für ein quasi vortheoreti-
sches Gegenstandsverständnis, wie es in Deutschland die Arbeit eines Wilhelm Heinrich Riehl[2] nicht anders bestimmte
als in England die von E.B. Tylor, dessen Definition von 1871
ich hier an den Anfang stellen möchte: "Kultur oder Zivilisation, im weiteren ethnographischen Sinn verstanden, ist je-
nes komplexe Ganze, das das Wissen, den Glauben, die Kunst,
die Moralauffassung, die Gesetze, die Sitten und alle anderen
Fähigkeiten und Gewohnheiten umfaßt, die sich der Mensch als
Mitglied der Gesellschaft aneignet".
Sprache wird von Tylor zwar nicht explizit genannt, sie gehört
aber schon bei den antiken Historiographen selbstverständlich
zu den registrierten "Sitten" und "Brauchtümern". Dieses ganzheitliche Gegenstandsverständnis sichert der Sprachwissenschaft und der Volkskunde ein gemeinsames Terrain: Die sprachlich verfaßten kulturellen Praktiken, das also, was Menschen
sprachlich tun.
Die Differenzierung der Disziplinen erfolgt beim Übergang vom
vortheoretischen zum theoretischen Gegenstandsverständnis,
vermittelt über einen spezifischen Methodenkanon. Bei der ar-
beitsteilig ausdifferenzierten Sprachwissenschaft sind das

Untersuchungsverfahren, die die Autonomie der sprachlichen
Form voraussetzten, die seit den strukturalistischen Gründer-
jahren zum sprachwissenschaftlichen Glaubensbekenntnis gehört.
Nun ist es aber eine Sache, die sprachliche Form im Hinblick
auf die operationalen Verfahren so zu behandeln, _als ob_ sie
autonom sei ; eine andere Sache ist es, die sprachliche Form
theoretisch als autonom gegenüber der kulturellen Praxis zu
deklarieren. Mit dem zweiten Schritt ist einer gemeinsamen
Forschung von Sprachwissenschaft und Volkskunde der Boden entzogen - und das bestimmt den main-stream der jüngeren Sprach-
wissenschaftsentwicklung.
Dieser Schritt ist nun aber keineswegs schon im strukturalistischen "Paradigmawechsel" der Sprachwissenschaft angelegt.
De Saussure kontrolliert seine zeichentheoretische Modellierung der Sprache und damit seine Grundlegung der strukturalen
Grammatiktheorie ausdrücklich durch eine dazu duale Reflexion
auf die soziale Praxis, die sprachlich artikuliert wird - so
wenn er z.B. auf den "Kirchturmsschatten" (den _esprit de clo-_
cher) in der Sprachpraxis verweist.[3] Nicht von ungefähr beru-
fen sich gegenwärtige französische Volkskundler auf de Saussure
als ihren Ahnvater.[4] So erscheint es mir denn lohnend, zunächst einmal bei der strukturalistischen Wende anzusetzen,
die die Separierung unserer beider Disziplinen nach sich zog -
von der sich aber zeigen läßt, daß sie keineswegs zwingend erfolgen mußte. Geeigneter noch als de Saussure ist dafür der
amerikanische Strukturalismus, dessen Methodenreflexion auf
einer breiten ethnographischen Praxis basierte. 1933 formulierte Bloomfield in seinem Buch _Language_ eine kanonische Modellierung, für die zwei Postulate bestimmend sind:
1. Die sprachwissenschaftliche Analyse ist strikt auf die Analyse der sprachlichen Form zu gründen. Sie hat die formalen
   Differenzen zu untersuchen, die das Sprachverhalten in einer
   gegebenen Sprachgemeinschaft strukturieren; und sie hat das
   durch kontrollierbare Methoden zu tun; Ziel ist herauszufinden, was als _gleich_ im Verhalten der untersuchten Gemeinschaft gilt. Eine sprachliche Form ist _relativ_ definiert, also in Termen der komplementären Formen, von denen
   sie unterschieden ist.

2. Wo auch immer im Verhalten Formunterschiede regelmäßig
   wiederkehren (d.h. also Unterscheidungen konsistent gemacht
   werden), da tragen diese Unterscheidungen Bedeutung: Die
   Unterscheidungen werden gemacht, um etwas zu bedeuten.
   Zu diesen Postulaten gibt es ein offensichtliches Korrolar:
3. Übereinstimmung im Identifizieren von gleichen und verschiedenen Formen (und also auch Übereinstimmung in der Bedeutung) charakterisiert eine gegebene Gemeinschaft, grenzt
   sie so von anderen Gemeinschaften ab.

Das Korrolar entwickelt die erwähnte Saussuresche Überlegung
zum "Kirchturmsschatten" in der Sprachpraxis weiter - die im
Übrigen schon vorstrukturalistisch die dialektologische und/
oder volkskundliche Forschung bestimmt hatte: Jede Analyse
der kulturellen Form einer Gemeinschaft, insbesondere ihres
Dialektes, ist die Rekonstruktion dessen, was deren Mitglieder miteinander teilen - und was sie von anderen trennt.[5]
Dieser Forschung verdanken wir aufschlußreiche Untersuchungen.
über ihre quasi "volkslinguistische" (Brekle 1985) Entsprechung: Die Untersuchung der Reflexionsformen auf dialektale
Differenzen als Gegenstück zur Aneignung der eigenen dialekta-
len Normen; die untersuchte Sprachpraxis war für diese Forschung immer auch eine, die bewußtseinsfähig war, deren bewußte Verarbeitung zum Gegenstandsbereich gehörte.[6]
Die Autonomie der sprachlichen Form ist für die strukturale
Sprachwissenschaft zunächst, wie die Hinweise auf de Saussure
und Bloomfield zeigen, ein methodologisch gebotenes Als Ob -
kein theoretisches Axiom.[7] Das ändert sich erst in jüngster
Zeit bei der Generativen Transformationsgrammatik, bei der
es allerdings sehr schwer ist, immer zwischen methodologisch
eingeführten Idealisierungen und theoretischen Postulaten zu
unterscheiden. Um eine explizite Idealisierung handelte es
sich bei der Absage an die Analyse von Äußerungen zugunsten
einer grammatiktheoretischen Modellierung von Satzmengen; und
so wohl auch noch bei der gegenwärtig noch weitergehenden Reduktion auf eine s.g. "Kerngrammatik".[8] Das beschränkt zwar
das Terrain für eine einheitliche kulturanalytische Aufgaben-
stellung, widerspricht dieser aber nicht.
Anders ist es bei den ontologischen Prämissen, die die Präsen-

tation dieser Richtung befrachten und auf die sich die Tota-
litätsansprüche mancher ihrer Vertreter stützen. Hier wird die
Autonomie der sprachlichen Form quasi biologisiert: durch eine
intendierte Projektion grammatiktheoretischer Strukturen auf
die neurophysiologisch definierte Ausstattung des Menschen.
Die Ausdehnung der Forschung auf die physiologischen Randbedingungen der Sprachpraxis ist selbstverständlich zu begrüßen
- für den bisherigen Erfolg ist die (gegenüber dem Eifer
sprachwissenschaftlicher Neophyten wohltuende) Skepsis klini-
scher Neurophysiologen instruktiv.[9] Darum geht es hier auch
nicht - wohl aber darum, daß nur der biologische Realismus
vieler Generativisten einer gemeinsamen kulturanalytischen
Forschungsperspektive mit der Volkskunde im Wege steht.[10]
Einem solchen Fundamentalismus gegenüber möchte ich hier am
kulturellen Verständnis unseres Forschungsgegenstandes festhalten, wie es auch unsere strukturalen Gründerväter bestimmte: Die Untersuchung der in einem sozialen Verband gelernten
Formen der sprachlichen Praxis, wodurch die Kategorien der
Forschung an die des Wiedererkennens von Praxen als gleich bzw.
verschieden bei den untersuchten Handelnden gebunden wird. Dieses Gegenstandsverständnis bestimmt die ethnographische Tradition der Sprachwissenschaft bis heute - die allerdings in
der scientific community merkwürdig marginalisiert erscheint.[11]
Das ist vielleicht am deutlichsten bei den Arbeiten von Kenneth
Pike, der mit seinem monumentalen Opus von 1959 ein Handbuch
der empirischen Forschung geliefert hat - das so auch von
Ethnologen gewürdigt wird, selten aber von Sprachwissenschaft-
lern außerhalb des Summer Institutes überhaupt nur zur Kenntnis genommen wird.
Pike legt einen Kanon von Heuristiken für eine Forschung vor,
die ihr Ziel nicht in einer Objektivierung ihres Gegenstandes
erreichen kann, für die objektivierende Verfahren nur hilfs-
weise Näherungen darstellen können (die etischen Analysen in
der Pikeschen Terminologie - abgeleitet von phonetisch). Ziel
ist es vielmehr, die kulturellen Formen zu rekonstruieren, mit
denen die Handelnden gelernt haben, ihre Praxis zu kontrollie-
ren und mit anderen zu koordinieren (die emische Analyse, abgeleitet von phonemisch). Der analytische Zugang ist nun wie

ein Akkordeon dehn- bzw. komprimierbar, von Pike expliziert
in den komplementären Kategorien von ganzheitlicher Rahmen-
setzung des Handelns (slot) und deren Implementierung (fil-
ler).
In gewisser Hinsicht ist das ein hermeneutisches Vorgehen -
allerdings mit der Beschränkung auf die Form des Handelns:
Nicht die subjektive Bedeutung einer Handlung wird rekon-
struiert (eine etische Kategorie) sondern das, was sie durch
ihre kulturelle Artikulation ermöglicht, also eben die gelernten Formen sinnvoller Praxis. Diese Differenz bildet hier nun
auch die Grundlage für ein theoretisches Verständnis der (relativen) Autonomie der sprachlichen Form: Diese ist von der
Handlung, die in ihr artikuliert ist, ablösbar - mit ihr läßt
sich von einer Handlung berichten (bei Pike ein Kriterium der
emischen Analyse), lassen sich verschiedene Handlungen als
gleich kategorisieren - z.B. sind relativ zu einem gegebenen
Handlungsslot eine Lüge und eine wahre Aussage äquivalent. Die
so verstandene Autonomie der sprachlichen Form erlaubt es den
Subjekten, ihre Praxis zu reflektieren - und erlaubt in Ver-
längerung davon auch dem Sprachwissenschaftler die systemati-
sche Reflexion, die (wie Pike sagt) Hypostasierung der sprachlichen Form ohne emische Bindung an den konstitutiven Hand-
lungsrahmen (s. Pike 1959:111).
Es ist denn auch kein Zufall, daß bei den jüngsten Arbeiten,
die sich kritisch mit der generativen Transformationsgrammatik
auseinandersetzen, die Sapir-Pikesche Tradition wieder in den
Blick gerät: In diesen Arbeiten zeichnet sich das Bemühen ab,
die Forschung ohne Preisgabe theoretischer Explizitheit wieder
für die empirischen (kulturellen) Fragen der Sprachpraxis
durchlässiger zu machen (z.B. Givón 1979). So aufschlußreich
diese neueren Debatten in den USA auch sind, sie sollten uns
nicht übersehen lassen, daß eine kulturanalytische Sprachwissenschaft an vorstrukturalistische Forschungen anknüpfen
kann, inner- und außerhalb der Philologien, auch außerhalb der
Volkskunde also, die es z.T. überhaupt erst für die Sprachwissenschaft zu entdecken gilt.
Das ist z.B. bei der in der breiten Soziolinguistikdiskussion
immer noch vernachlässigten Sozialpsychologie der 20er Jahre

der Fall, die damals mit biographischem Zugang untersuchte,
wie soziale Konflikte im sprachlichen Material ausgetragen werden. Ich denke hier besonders an die Arbeiten des Wiener Instituts, z.B. von Hildegard Hetzer, die sensibel die geschlechtsspezifisch unterschiedlichen Verläufe der Sprachentwicklung in
der Adoleszenz von Proletarierkindern (so sagte man damals
noch!) untersucht hat (Hetzer 1926, 129). Es ist schon be-
schämend, wie wenig von dieser reichen ethnographischen Tradition unter dem stieren Blick über den großen Teich bekannt
ist: Stellvertretend seien hier nur noch einige Themen aus
Hildegard Hetzers frühen wie späteren Arbeiten genannt: Tischgespräche im Kindergarten (Hetzer/Stoll 1970); die Aneignung
der Umwelt in kindlichen Spielen in einem Arbeiterviertel
(Hetzer 1927); die Auswirkung einer realistischen Lebensper-
spektive auf das schulische (sprachliche) Lernen bei Jugendlichen auf dem Land (Hetzer/Morgenstern 1952).

Aber die kulturanalytische Sicht der Sprache bestimmt auch die
vorstrukturale Philologie. Dazu gehören die frühen Arbeiten von
Leo Spitzer, z.B. die Analyse von Briefen italienischer Kriegs-
gefangener in Spitzer (1921), bei denen er 1919 die kreativen
Techniken zur Umschreibung von Hunger analysiert hat, mit denen einerseits die Briefzensoren ausgetrickst werden sollten
(über schlechte Lebensverhältnisse im Lager durfte nichts geschrieben werden), die andererseits aber daran gebunden waren,
daß die Aussage für die Briefempfänger verständlich blieb (die
ja Lebensmittelpakete schicken sollten). Spitzer analysiert
exemplarisch, was den Kern kulturanalytischer Sprachwissenschaft bildet: die Konnotationen[12] der sprachlichen Formen;
die benutzten Formen sind lebensgeschichtlich indiziert: durch
ihren Erwerb, durch die mit ihnen artikulierte gemeinsame
Sprachpraxis mit anderen, was ja schon die Pointe des Korro-
lars der Bloomfieldschen Postulate war. Dadurch können sie
aber diejenigen, die eine gemeinsame Praxis teilen, von einer
Situation in eine andere transportieren, die Briefempfänger
ins Gefangenenlager, ohne daß die fremden Zensoren es bemer-
ken.

Diese "kulturanalytischen" Arbeiten, generell wohl die feldsensible Ethnographie, heben so das semiotische Grundpostulat

von der Autonomie der sprachlichen Form auf: Synchronie und
die mit ihr definierte Arbitrarität des sprachlichen Zeichens
sind Idealisierungen, die die Sprachpraxis nicht zu modellie-
ren erlauben. Diese ist zwangsläufig dynamisch, innovativer
Gebrauch von tradiertem kulturellen Material - mit Levi-
Strauss: kulturelle Praxis ist gebastelt.[13] Damit ist aber die
Analyse der Sprachpraxis notwendig auch historisch - was etwas
anderes ist, als eine chronologische Reihung ("Diachronie")
synchroner Idealisierungen.

Das ist nun einmal mehr in der vorstrukturalen Sprachwissenschaft selbstverständlich, vor allem bei der Dialektologie,
auf die auch de Saussure mit seinen zitierten Bemerkungen über
den "Kirchturmsschatten" in der Sprachpraxis anspielte. Schon
im 19. Jahrhundert werden Mikroanalysen zum "Sprachabbau"
(heute heißt es manchmal "Sprachtod") unternommen, zur Auflö-
sung der sprachkonservierenden Dialektnorm im Spannungsfeld
der Generationen. Die meisten dieser Arbeiten fokussierten dabei die jeweils ins Werk gesetzten grammatischen Mechanismen
zur Integration der Formen - mit der Idealisierung koexistie-
render sprachlicher Systeme bei diesen Sprachgemeinschaften:[14]
Der Idealtyp einer homogenen Sprachgemeinschaft gehörte also
immer schon nur bei denen zur Vorstellung von Dialekten, die
keine empirische Forschung trieben.[15] Bei diesen Arbeiten wird
so aber nicht nur die gemeinschaftsinterne Heterogenität zum
Thema, sondern komplementär auch deren Durchdringung mit kulturellen Mechanismen infolge ihrer Integration in den gesellschaftlichen Markt.

Anders als bei dem endemischen Lamarckismus der Soziolinguistik, besonders auch "materialistisch" intendierter, haben
Milieufaktoren (Siedlung, Verkehrsnetz, politische Verhältnisse, religiöse Orientierung, professionelle Struktur u.dgl.)
in der traditionellen Dialektologie keineswegs den Rang von
mechanisch wirkenden Determinanten der Sprachpraxis, sondern
werden als deren materiale Randbedingungen in Rechnung gestellt, die kulturell durchaus gegensätzlich genutzt werden
können; das Postulat von der relativen Autonomie der sprachlichen Form hat hier tatsächlich der kulturanalytischen Forschung Terrain erschlossen, wenn die gesellschaftlichen Deter-

minanten der diagnostizierten sprachlichen Ausgleichs- und
Abgrenzungsprozesse exploriert wurden.

Ein schönes Beispiel dafür ist Walther Mitzkas Studie von 1928
über den Danziger Raum, dessen sprachliche Verhältnisse er als
kulturelle Bearbeitung der wachsenden ökonomischen und sozialen Integration in den Großraum analysiert. Mitzka griff dabei
derzeitigen sprachsoziologischen Theorien, etwa denen Pierre
Bourdieus vor, wenn er den Motor der Entwicklung in der Herausbildung eines homogenen sprachlichen Marktes sieht, auf
dem die Sprecher ihre eigene Praxis (ihr "kulturelles Kapi-
tal" sagt Bourdieu heute) bewerten lernen und entsprechend dem
realisierten "sprachlichen Mehrwert" (oder: "Minderwert" -
beides Mitzka 1928:67) gestalten. Im übrigen entspricht diese
Thematisierung der gesellschaftlichen Reproduktion über kulturelle Bewertungsmechanismen den Orientierungen der damaligen
Soziologie, wo Thorstein Veblen bereits 1899 eine Theorie der
in die kulturellen Praxen eingeschriebenen Mechanismen sozialer Demarkation vorgelegt hatte. Angemerkt sei, daß die von
Mitzka repräsentierte ("volkskundlich" orientierte) dialektologische Forschungstradition so die sterile Trennung von in-
terner und externer Sprachgeschichte überwunden hat, die
gleichzeitig die Grundlage für die semiotische Modellierung
der Sprache bei de Saussure abgab.

Im gleichen Traditionsstrang steht die Erzählforschung, die
Herr Bausinger angesprochen hat: In ihr ist mit der relativen
Autonomie der Erzählform auch deren konnotiertes soziales Ein-
gebundensein Thema, das in der Volkskunde explizit als Aneignung gesellschaftlichen Terrains verstanden wurde (das war ja
die theoretische Zielsetzung des Naumannschen kulturellen
"Sickermodells"). Wir haben hier die Chance, mit zwei Kollegen
der Volkskunde, Herrn Bausinger und Herrn Lehmann, zu disku-
tieren, die diese Forschung maßgeblich vorangetrieben haben,
während es in linguistischen Kreisen einmal mehr üblich ist,
sich die Anregungen für die entsprechenden jetzt unternommenen
Arbeiten in der anglo-amerikanischen Szene zu suchen.[16]

In diesen volkskundlichen Arbeiten wird die Kategorie der Aneignung bereits produktiv, die helfen kann,die funktionalisti-

sche Reduktion vieler kulturanalytischer Arbeiten zu überwinden, insbesondere auch der von Pike repräsentierten Tradition,
die die Untersuchung phänomenologisch auf das beschränkt, was
der Ethnographie als soziale Determinanten des Handelns in der
untersuchten Situation erscheint. Die Kategorie der Aneignung
verweist demgegenüber auf die Spannung von subjektiv Inten-
diertem einer Handlung, dem vorgängigen kulturellen Material,
in dem sie artikuliert ist - und den mit ihr (hinter dem
Rücken "der Handelnden") reproduzierten gesellschaftlichen
Strukturen. Diese Spannung ist besonders dann sinnfällig,
wenn die kulturellen Formen einer fremden Praxis geradezu
"entliehen" werden, wie es für lebensgeschichtliche "Über-
gangssituationen" charakteristisch ist. Dazu gehört quasi de-
finitionsgemäß die Adoleszenz, in der die sprachliche Selbst-
darstellung das lebensgeschichtlich dominante Thema werden
kann. Einmal mehr verdanken wir der Dialektologie hier aufschlußreiche Forschungen, die die geschlechtsspezifisch unterschiedliche "Dialektloyalität" entsprechend den unterschiedlichen Lebensentwürfen von Jungen und Mädchen nach der Puber-
tät untersucht hat: Jungen beginnen oft erst jetzt, den Dialekt
zu lernen, wenn sie realisieren, daß ihre Perspektive (anders
als bei den mobileren Mädchen) an das Dorf gebunden bleibt.[17]
Dazu stimmt auch, daß bei den bereits erwähnten Untersuchungen
über dialektale Stereotype die registrierten Spottverse über
Nachbardialekte für die Informanten ihre Jugend konnotieren
(z.B. Büld 1939:85).

Thema dieser Arbeiten ist die auch sprachlich vollzogene
Selbsteingliederung in die Klasse (oder die Distanzierung davon), die in ihren subkulturellen Differenzierungen von der
Forschung zu explorieren bleibt.[18] Ebenfalls nicht neu, aber
von dramatischer Aktualität, ist die Kumulation der adoles-
zenten "Übergangssituation" mit der der Elternkultur, wie es
bei Migranten der Fall ist. Gegenüber modischen kulturalisti-
schen Attitüden kann hier die Aneignungskategorie analysieren
helfen, daß die kulturellen Praxen in der Migration, und seien
sie noch so sehr ghettoisiert, immer Aneignung der Verhältnisse
im Einwanderungsland sind, daß diese Aneignung auch den hier
oft dramatisch zugespitzten Generationskonflikt prägt (s.z.B.

Maas 1984a). Der "volkskundliche" Blick auf die in dieser widersprüchlichen Situation ausgebildeten kulturellen Potentiale kann nicht zuletzt für die pädagogische Arbeit helfen, die letztlich doch normative Bewertung der Praxen im kontrastiven Kultur- bzw. Sprachvergleich zu überwinden. Im übrigen gibt es in der Volkskunde auch schon sehr anregende Untersuchungen über solche "gebastelten Lösungen" dramatischer Kulturbrüche - etwa Will-Erich Peukerts Studie über die Verarbeitung der industriellen Modernisierung (mit den sozialen Konsequenzen der Migration) im "Proletariat" (so auch bei ihm!), in der er die generationenspezifischen subkulturellen Ausdifferenzierungen aufzeigt (Peukert 1931).

Wenn ich so auf einer kulturanalytischen Erweiterung des Gegenstandsverständnisses der Sprachwissenschaft insistiere, das sie mit der Volkskunde teilen sollte, dann ist es auf der anderen Seite aber nötig, sich über die disziplinspezifische Zugangsweise zum Gegenstand klar zu sein, die ich (wie der Bezug auf die deskriptive Tradition des Strukturalismus zeigen sollte) in der formalen Kontrolle der Mikroanalysen sehe.[19] Was die sprachwissenschaftliche Analyse (wie im übrigen schon Pike feststellt; s. Pike 1959:5), gegenüber der sonstigen Kulturanalyse auszeichnet, ist die Aufgabe des wissenschaftlichen Röntgenblicks durch das sprachliche Material hindurch, mit dem diese die Konstituenten der Praxis gewissermaßen unter der sprachlichen Oberfläche zu fassen versucht, wobei sprachliche Daten allenfalls für einen Indizienbeweis infrage kommen. Die sprachwissenschaftliche Analyse nimmt dagegen die Form des sprachlichen Materials als eigene Artikulation der Praxis; das konstituiert ihren theoretischen Gegenstand - und bietet die Möglichkeit der Kooperation mit anderen Kulturwissenschaften, deren Quellen in der Regel ja auch sprachlich verfaßt sind.

Läßt sich so in der kulturanalytischen Perspektive bei der strukturalen Frühzeit der Sprachwissenschaft anknüpfen, so gilt es andererseits mit einem Vermächtnis dieser Zeit abzuschließen, das bei der Emanzipation aus dem Dienstbotentrakt der Philologien eine zentrale Rolle spielte: die Auszeichnung der gesprochenen Sprache. Für die methodische Entwicklung war

sie grundlegend, angefangen bei der instrumentellen Phonetik,
die im 19. Jahrhundert der Sprachwissenschaft den Rang einer
experimentellen Wissenschaft verlieh - bis zur systematischen
Erschließung von ungeschriebenen Kulturformen (Dialekten,
exotischen Sprachen), die bis dahin im Windschatten philolo-
gischer Fixierung auf "hochkulturelle Texte" allenfalls dia-
gnostische Hilfsfunktionen übernommen hatten.

An dieser deskriptiven Basis festzuhalten verpflichtet aber
nicht auf die mit ihr verbundene, als Rationalisierung der
emphatischen Abgrenzung von der Philologie propagierte theoretische Auszeichnung der gesprochenen Sprache, die Idealisierung der unmittelbaren face-to-face Kommunikation, als dem Ur-
typ sprachlicher Verhältnisse, an dem die Kategorien für die
Analyse komplexer Verhältnisse gewissermaßen abgelesen werden
können.

Die Volkskunde ist, jedenfalls wenn ich an die Tübinger Arbeiten denke, in der Bewältigung derartiger fachgeschichtlicher
Mythen weiter, als wir es sind:[20] In der Überwindung der "Bau-
ernkunde" wird hier getrennt zwischen einer notwendigen Ethnographie des Bäuerlichen - und seiner Romantisierung, die darin
das Ursprüngliche, und in allem anderen nur seine Korruption
sieht. Wobei eben die Ethnographie - ob nun dialektologisch
oder volkskundlich - das Bäuerliche auch in einem Dorf des
Hochschwarzwalds nicht als Insel, sondern als spezifische Form
der Bewältigung der dort sich stellenden gesellschaftlichen
Widersprüche erweist.

In der sprachwissenschaftlichen Methodologie steht die Bewältigung der Mythen vom Unmittelbaren noch aus. Normative Vorstellungen von authentischer Kommunikation verstellen hier
noch weitgehend den Zugang zur kulturanalytischen Empirie -
von der Textanalyse bis zur Ethnographie. Gerade sich kritisch verstehende Analysen von Werbung, Politikerreden u.dgl.
projizieren auf die untersuchten Texte Strukturen "unmittelbare Kommunikation" bzw. transformieren sie entsprechend: Die
"meßbare" Differenz tritt dann an die Stelle der Analyse der
kulturellen Praxis, die in die Texte eingeschrieben ist bzw.
die im Umgang mit ihnen resoniert.

In der Soziolinguistik ist schließlich (spiegelbildlich zum
Röntgenblick durch die sprachlichen Daten der sonstigen Sozialwissenschaften) die methodologische Bemühung um authenti-
sches Material zum Maßstab für wissenschaftliche Dignität geworden: Hier sollen subtile Elizitierungstechniken den vorgeblich verzerrenden Einfluß des Beobachters auf die Unter-
suchungssituation (bzw. die beobachtete sprachliche Varietät)
eliminieren oder doch minimieren.[21] Nun gibt es selbstverständlich Situationen, die man nicht beobachten kann - aber
sie sind vielleicht eher ein Problem der Forschungsethik als
der Methode. Stattdessen sollte es vielmehr da, wo die empirische Untersuchung möglich ist, um die Analyse gehen, wie
die Untersuchten eben diese Situation aneignen; mit welchen
kulturellen bzw. sprachlichen Ressourcen sie das tun.

Wie wenig hilfreich hier das Schielen auf das übermächtige
Vorbild der Physik mit ihrem erkenntniskritischen Paradigma
vom Einfluß der Meßverfahren auf die Messung ist, zeigt sich,
wenn man sich im Feld offen für Überraschung hält. Jugendliche
geben sich (wie wir wohl alle) ungern dafür her, zu Beobach-
tungsobjekten zu werden (etwa Tonbandaufzeichnungen von ihren
Aktivitäten zu dulden). Andererseits kommen sie aber auch
selbst schon mal gegenüber dem Untersucher mit dem Vorschlag,
ein Interview mit ihnen zu machen - das ist ein ihnen vom
Fernsehen her vertrauter Rahmen, der nicht zuletzt die Position des Interviewten aufwertet. Statt darin nun eine stili-
sierende Verfälschung von jugendlichem Sprachverhalten zu sehen, zeigt es nur einmal mehr, daß die Sprachpraxis immer in
vorfabriziertem kulturellen Material artikuliert ist, "gebastelt" ist, wobei die Massenmedien so etwas wie einen Trö-
delmarkt für sprachliche Utensilien abgeben. Geht man die Aufzeichnung eines solchen Gesprächs durch, zeigt sich auf seiten
der Interviewten wie des/der Interviewers/-in ein komplizier-
tes Spiel mit medialen Umgangsformen, die in mehr oder weniger
ironischen Anspielungen allerdings gerade einem Gespräch mit
Jugendlichen den Reiz geben, der das Gespräch überhaupt im
Gang zu halten erlaubt.

Daß massenmediales Sich-In-Szene-Setzen nicht im Widerspruch
zu Spontanität steht, ist mir einmal bei der Aufzeichnung des

Gesprächs einer Studentin mit einer Gruppe Punks deutlich geworden:[22] Das aufgestellte Mikro machte diese offensichtlich richtig an; die Aufzeichnung stimulierte sie zu einem faszinierenden verbalen Trip - wie für sie wohl auch sonst das "wirkliche" Leben erst abends nach Job oder Schule im Umgang mit den Geräten ihrer Musikanlage beginnt. Kulturelle Praxis ist immer "gemischt", Aneignung vorgebenen Terrains - nur Wissenschaftler würden sie gern für ihre Taxinomien säuberlich sortiert botanisieren.

Vordergründig ist der Primat des Gesprochenen vor dem Geschriebenen trivial. Von Kuriosa abgesehen,stellt Schrift den kulturellen Sonderfall dar; ihre Aneignung erfolgt ggf. ontogenetisch auch später. Faßt man nun aber (wie bei dieser Argumentation) das Verhältnis beider "Modalitäten" im Sinne einer Entwicklungslogik, so wird deutlich, daß die theoretische Reduktion auf das Gesprochene regressiv ist, daß sie der Anstrengung entgegensteht, Gesprochenes von den Potentialen für die Schrift her zu verstehen.

Um nicht mißverstanden zu werden ist hier wohl eine terminologische Differenzierung nötig:[23] Die materiale Seite der Texte: mündlich gegenüber schriftlich, ist von deren strukturaler Integration (und gebunden daran: ihrer kognitiven Durchdringung) zu unterscheiden: als orate gegenüber der litteraten Textorganisation. Daß sich die litterate nicht aus der oraten ableiten läßt, versteht sich von selbst; daß habituelles Verfügen über die litterate Textorganisation sich auch im Mündlichen auswirkt (bis zum "Reden wie gedruckt"),ist ebenso trivial (und ist Grund für die kategoriale Unterscheidung).

Nun haben aber die orate und die litterate Textorganisation unterschiedliche Potentiale: Die Aneignung der unmittelbaren face-to-face Situation ist orat: Die Textorganisation ist hier weitgehend durch die Interaktion gesteuert (die auch die kognitiven bzw. Gedächtniskapazitäten zum erheblichen Teil bindet). In dem Maße nun, wie die gesellschaftliche Reproduktion "hinter dem Rücken" der Subjekte verläuft, wie deren Synthesis nicht mehr durch die Anschauung der Verhältnisse möglich ist, ist sie nicht mehr mit oraten Kategorien anzueignen, ist die Reflexion darauf, die Synthesis, an eine symbolische Objektivierung gebunden, die ihre kognitive Durchdringung erlaubt: also an die Schrift bzw. über deren Aneignung an die Ausbildung litterater Kategorien.

In der Fixierung auf den Mythos der gesprochenen Sprache verweigert sich die sprachwissenschaftliche Theorie dieser Problemstellung. Damit gerät sie aber in eine Kollusion mit den Herrschaftsverhältnissen, die nicht zuletzt durch die Monopolisierung der symbolischen Mittel zur gesellschaftlichen Synthesis reproduziert werden. Hier haben Volkskunde und Sprachwissenschaft schon jetzt ein gemeinsames Arbeitsfeld, so da, wo in den letzten Jahren der sozial recht verschiedene Umgang mit Schrift in der Perspektive ihrer historischen Aneignung, ihrer Demotisierung, untersucht wird (Maas im Ersch.)[24]

Einmal mehr handelt es sich darum, die Kulturanalyse im Hinblick auf die Aneignung der gesellschaftlichen Verhältnisse bzw. Potentiale in der ethnographisch untersuchten Praxis zu betreiben - statt projektiv eine "verkehrte Welt" zu Lebensformen des forschenden Intellektuellen zu suchen: im Bäuerlichen, Proletarischen, Gegenkulturellen - oder sonst wie Authentischen, wie eben auch der "spontanen" face-to-face Kommunikation.[25]

Als erster Schritt der nötigen theoretischen Modellierung würde ich eine begriffliche Klärung des auch hier von mir benutzten Konzepts der Artikulation der Praxis ansehen: Das kulturelle Material (also insbesondere die Sprache) ist einerseits selbst kulturell produziert, und insofern sind soziale Strukturen in es eingeschrieben, die es konnotiert - andererseits bleibt es eben das Material der Praxis, das diese nicht determiniert, sondern in dem diese artikuliert wird. Begrifflich wie terminologisch ist das im übrigen nichts Neues: de Saussure sprach in seinen Vorlesungen in diesem weiten Sinne von Artikulation, und die philosophische Tradition benutzt diesen Begriff, übrigens seit Aristoteles,besonders zur Reflexion auf das Verhältnis von Sprache und Schrift. Auf diese Weise kann insbesondere das Konzept der Aneignung klarer gefaßt werden, und auch der Anschluß an die kritische Tradition der Kultur-

wissenschaften vor der strukturalen bzw. funktionalistischen
Wende gefunden werden. Deren kritische Verweigerung gegenüber
einer affirmativen Spiegelung der beschriebenen Verhältnisse
ist aufzugreifen - allerdings nicht von dem Standpunkt elitärer Beckmesserei in der Tradition eines Alfred Weber,[26] sondern im Hinblick auf die von den Subjekten angeeigneten gesellschaftlichen Potentiale, gegenüber den ihnen monopoli-
stisch vorenthaltenen. Das ist durchaus in der Tradition des
eingangs zitierten Tylor möglich:
- Zunächst deskriptiv die jeder untersuchten Gesellschaft zu-
  zugehörigen Kulturen (Plural!) als eigenständige Strukturen
  zu fassen;
- aber zugleich diese als Aneignungsformen des einheitlichen
  "Zivilisationsprozesses" (wie es früher hieß) zu analysieren,
  relativ zu den materialen Lebensbedingungen der jeweiligen
  untersuchten sozialen Gruppen.

Die Schwierigkeiten des kritischen kulturanalytischen Unter-
nehmens liegen weniger im Gegenstand als in seiner begriff-
lichen Fassung, die durch Mythen blockiert wird wie dem von
der unmittelbaren/authentischen Kommunikation. Die Kritik hat
also zuerst bei der wissenschaftlichen Begrifflichkeit anzusetzen - die selbst als Ensemble "gesellschaftlich objektiver
Gedankenformen" zu analysieren ist. Dazu ist es hilfreich, sich
deren Genese klarzumachen: Sie sind um so hartnäckiger, je mehr
sie quasi "spontan" mit der Sozialisation verinnerlicht sind.
Die Sprachvorstellungen sind aber eng gebunden an die Adoleszenz,
die geradezu als lebensgeschichtliche Sprachkrise gefaßt werden kann, für die ein Mißtrauen gegenüber den sozial vorgegebenen sprachlichen Formen charakteristisch ist, die Verweigerung gegenüber einer auch sprachlichen Unterordnung, die dramatisch als Preisgabe des Selbst erscheinen kann.

Die bisherige Forschung hat diese sprachliche Adoleszenzkrise
in ihren subkulturell verschiedenen Ausprägungen noch weitgehend vernachlässig (zu den aufschlußreichsten Arbeiten gehören
immer noch die bereits erwähnten des Wiener Instituts um
Charlotte Bühler).[27] Allerdings dürfte sicher sein, daß die
Schule (der "Schulmeister") als der geborene Gegenspieler in
diesem Prozeß eine Schlüsselrolle hat: Ausgestattet mit den

Sanktionsbefugnissen der Institution methodisiert er die Kontrolle der sprachlichen Form im Rechtschreib- und generell Grammatikunterricht, die so zu Archetypen formaler Sprachanalyse werden. Ich halte es für eine plausible Hypothese, daß die sprachlichen Stereotypen, auch die der Wissenschaft, in diesem Konflikt ihren Ausgangspunkt nehmen. Das gilt insbesondere für methodologische Vorbehalte (die Abwertung des Verbalen, Expliziten, generell:das Bemühen, die sprachliche Form transparent zu behandeln),die die "weichen" Sozialwissenschaften bis in die Sprachwissenschaft hinein charakterisieren: Sie und insbesondere die Abwertung der Schrift dürften in den jugendlichen Abwehrmechanismen nicht anders ihren Ursprung haben, wie die Inflation der Grammatikmetapher gerade in den "weichen" Disziplinen (von der "Körpersprache" über die "Sprache" des Kinos bis zu der der Musik) auf die Identifikation mit dem sprachanalytischen Agressor verweist.

Ist aber die jugendliche Sprachkrise von der Forschung noch wenig erschlossen, so sind die Verhältnisse bei ihrer literarischen Homologie um so leichter zugänglich, der "Sprachkrise" der Jahrhundertwende, in der von Flaubert und Leon Bloy bis Karl Kraus die bürgerliche Sprache als zur geschmacklosen Geste verkommen stigmatisiert wurde. Die gegenwärtige Konjunktur der Sprachkritik eines Mauthner, der die "Erlösung vom Glauben an die Sprache" bewerkstelligen wollte (1910/11, Bd.I: XCV) lohnte, unter diesem Gesichtspunkt genauer betrachtet zu werden.[28] Instruktiv sind in jedem Fall die literarischen Lösungen der Sprachkrise - vor allem auch da, wo sie in der massenhaft verbreiteten Literatur selbst Material für die Bearbeitung der Krise jugendlicher Leser werden konnten, wo sie in jedem Fall auf strukturale Momente der sprachlichen Verfassung der Gesellschaft verweisen.

Es lassen sich dabei unterschiedlich weitgehende regressive Denkformen unterscheiden:
- So die kleinkindliche Art, Sprache zum Objekt zu machen, sie gewissermaßen als soziale Erweiterung des Körpers leiblich zu manipulieren - was in Form Morgensternschen Sprachunsinns auf Erwachsene unwiderstehlich komisch wirkt.[29]
- So die Sprachmystik, die depressive Art, in adoleszenter

Selbstdramatisierung den anderen das einsame Schweigen ge-
genüberzustellen; aussagekräftiger als Hofmannsthals elitärer Chandos-Brief sind hier Erfolgsautoren wie Karl May,
Cooper und andere der gleichen Zeit, die diesen Topos mit
Geschlechtsrollen-Unsicherheit verquicken: Männliches Schweigen, die sprachlose Verständigung dem weiblichen Schwätzen
gegenüberstellen.

EXKURS

Anders als bei sophistizierten Autoren wie Hoffmannsthal geht
es bei Karl May nicht um einen erkenntnistheoretischen Agnosti-
zismus, um ein Mißtrauen gegen das Verbale als unzulängliches,
weil durch den gesellschaftlichen Gebrauch entwertetes Medium,
an dessen Stelle der vorgeblich unmittelbare Zugang zur eigentlichen, d.h. eben mystischen (im wörtlichen Sinne: sprachlosen)
Erkenntnis treten soll, sondern um einen sehr viel vordergrün-
digeren Mythos der wirklichen Verständigung. Deutlich wird
diese Sprachmythologie vor allen Dingen in der Winnetou-Trilogie. In reiner Form werden hier die guten und die schlechten
Figuren konstrastiert, u.a. durch ihr unterschiedliches Verhältnis zur Sprache. Die Winnetou-Trilogie, die ja zugleich
auch so etwas wie ein Bildungsroman des nur teilweise fikti-
ven autobiographischen Helden Old Shatterhand ist, führt das
in verschiedenen Brechungen bzw. Spiegelungen vor. Das gilt
so z.B. schon für den Gegensatz auf seiten der "Wilden". Der
hemmungslose Gebrauch der Sprache charakterisiert die minder-
wertige Masse, z.B. die feindlichen Kiowa gegenüber den "männlichen", edlen und das ist so gut wie: schweigsamen Apatschen,
vor allem Winnetou Vater und Sohn.

> Hierauf sah er und dieser wieder ihm in die Augen (ge-
> meint sind Winnetous Vater Intschu-Tschuna und Winnetou
> selbst). Sie verstanden sich; sie hielten Zwiesprache
> miteinander, nur durch Blicke. Nun wandte sich Intschu-
> Tschuna wieder zu mir, indem er sagte: "Dieser Mörder
> war auch Dein Feind?" (Winnetou I, S. 197)

Die Szene spielt am Anfang des Bildungsromans: Old Shatter-

hand ist noch draußen vor, aber er hat den ersten Teil des
Initiationsritus in die Welt der Edlen schon absolviert: Unmittelbar vorher hatte er mit Winnetou und Winnetous Vater
Intschu-Tschuna ums Leben kämpfen müssen. Aber die Initiation
ist noch nicht perfekt: Die Verständigung mit ihnen muß noch
verbal erfolgen. Das wird aber bald anders: Old Shatterhand
wird als Bruder und Häuptling in den Stamm aufgenommen. Kurz
darauf wird Intschu-Tschuna, der Alte, von einem weißen Schur-
ken, Santer, umgebracht, und jetzt bilden Winnetou und Old
Shatterhand den Kern der edlen Gemeinschaft. Einige Tage später treffen sie sich nach einer längeren Trennung wieder, in
einer kritischen Situation.

> Ich (es spricht Old Shatterhand) sprach eine Frage
> aus, nicht durch Worte, sondern nur durch den Blick.
> Da fuhr er (Winnetou) fort. (Winnetou I S. 281)

Die weitere Entwicklung des Bildungsromans zeigt diesen Bund
der beiden Edlen, die sich gegen Eindringlinge wehren müssen,
die durchweg geschwätzig sind. So befinden sie sich einige Zeit
später einmal mehr in einer kritischen Situation, in der sie
belagert sind vom Stamm der Okanandas und einer Gruppe ver-
räterischer Weißer. Winnetou und Old Shatterhand beraten, was
zu tun ist, dabei mischt sich nun ein mit ihnen gemeinsam be-
lagerter Weißer in ihre Beratung ein.

> Winnetou warf dem Sprecher einen mißtrauisch forschen-
> den Blick zu. "Was mein Bruder Old Shatterhand und
> Winnetou hier denken und beschließen müssen, das wissen
> sie, ohne daß es ihnen jemand zu sagen braucht. Deine Wor-
> te sind also unnütz, und Du magst Dir merken, daß ein
> Mann nur dann reden soll, wenn es notwendig ist!"
> (Winnetou II, S. 288).

Die Schlechten oder auch nur die Minderwertigen, Nicht-Edlen
sind die, die schwätzen, die wie Schlangen mit "gespaltener
Zunge" reden und dgl.

Wie wenig es sich hier um Karl Maysche Idiosynkrasien handelt,
zeigen Parallelen bei anderen zeitgenössischen Erfolgsautoren,
etwa bei Conan Doyle (Sherlock Holmes im Gegensatz zu Watson,
in der seit 1887 erschienenen Serie), aber auch ein anderer

Erfolgsautor des 19. Jahrhunderts, der wie Karl May zur literarischen Basislektüre meiner Generation gehört hat, Cooper,
mit seinem Lederstrumpf (eine Serie, die seit 1823 erschien);
die Erscheinungsjahre verweisen schon darauf, daß die "Sprachkrise" nicht einfach an dem Datum 1900 festzumachen ist, sondern an einer längeren Phase der bürgerlichen Gesellschaft. Im
übrigen ist bei solchen Erfolgsautoren davon auszugehen, daß
nicht ihr Erfolg die entsprechenden Denkfiguren in die Köpfe
der Leser brachte, sondern daß sie Erfolg hatten, weil sie
das, was in den Köpfen der Leser war, auf einen artikulierten
Punkt brachten (und noch bringen).

ENDE DES EXKURSES

Es wäre reizvoll, diese Typen in ihren wissenschaftlichen Homo-
logen genauer zu betrachten, was ich hier aus Zeitgründen
nicht kann.[30] Die wissenschaftlich ausgebauten jugendlichen
Abwehrmechanismen gegenüber formaler Analyse und Kontrolle
setzen sich fort in einer Verweigerung gegenüber den Schwierigkeiten der gesellschaftlichen Praxis, der kulturellen Bearbeitung der sprachlichen Potentiale - und stattdessen dem
Sichgefallen in ihrer naturalisierenden Kontemplation.

Mir scheint, die Reflexion auf den gemeinsamen kulturanalytisch verstandenen Gegenstand von Sprachwissenschaft und Volkskunde ist ein notwendiger Schritt zur Überwindung des weithin
zu verzeichnenden Überdrusses an der zur Routine gewordenen
formalen Sprachanalyse; die kulturanalytische Arbeit in der
Tradition einer Kritik anzugehen die ihren Gegenstand, die
Sprachpraxis als bewußtseinsfähig und so veränderbar faßt, ist
ein notwendiger Schritt, die fatale Kollusion auch der sich
kritisch verstehenden Intellektuellen mit der Reproduktion
der Verhältnisse zumindest infrage zu stellen. Kritische
Wissenschaft bedeutet in jedem Fall aber: Nutzen und Weiter-
entwickeln des analytischen Instrumentariums der Disziplinen,
bei uns also: der strukturalen Analyseverfahren.

ANMERKUNGEN

1. Die Argumentation des Beitrages habe ich in den letzten
drei Jahren wiederholt vorgetragen und (zumindest für mich
selbst) durch zahlreiche Diskussionen ein Stück weit klären
können. Den Mitdiskutanten habe ich zu danken: das gilt insbesondere für die beiden Symposien "Language and Cultural
Studies" am CCCS in Birmingham, Dezember 1982, und "Sprache als methodisches Problem beim Zugang zu historischen
und sozialen Daten", Osnabrück Dezember 1983; sowie Vor-
trägen in Aachen, Duisburg und Osnabrück 1982-84. Der Beitrag hier hat die Form des Manuskriptes für die Hamburger
Arbeitsgruppe; die reichlich umfangreich geratenen kommen-
tierenden Hinweise stehen in Anmerkungen.

2. Siehe etwa Riehls Almanach (1861) volkskundlicher Forschung, die von ihm dort auf kulturelle Formen bezogen
wird, die in ihrer Funktion in der materialen Reproduktion
des Lebens (gemessen am jeweiligen Stand der Zivilisation)
zu verstehen sind. Zu Riehl und der entsprechenden volkskundlichen Tradition s. Bausinger 1980.

3. de Saussure 1916:281 ff. Es ist signifikant, daß de Mauro
(1967) in seiner ansonsten ausgiebig kommentierten Ausgabe
zu diesem Abschnitt wenig anzumerken hat, s. seine Anmerkungen 291ff., S. 474-475.

4. Z.B. Fabre/Lacroix 1975, besonders in Band 2, S. 564-593,
hier S. 573 (Kapitelüberschrift: L'usage social des signes").

5. Vgl. damit Bausingers entsprechende methodologisch grund-
legende Formulierung für die Volkskunde, nach der die zu
untersuchenden "Artefakte" nicht auf die Pole: Individueller Akt und anonymes Ensemble Kultur, zu reduzieren sind,
sondern nur von der darin bewerkstelligten sozialen Praxis
her als soziale Akte analysiert werden können, die mit anderen geteilt werden und insofern etwas mitteilen (Bausinger 1968:44).

6. Siehe z.B. Heinrich Büld 1939, der anhand eines umfangrei-
chen "volkslinguistischen" Materials an Dialektstereotypen
das Verhältnis von wissenschaftlich-dialektgeographischer

und subjektiver Ausgliederung untersucht. Die Selbstverständlichkeit dieser Fragestellung für die ältere Forschung ergibt sich schon aus ihrer Präsenz in der realistischen Belletristik (und damit der Schullektüre von Gymnasiasten!) des 19. Jahrhunderts; bei Jeremias Gotthelf wird sie Thema eigener Erzählungen, z.B. "Der Besuch" (ca. 1850 verfaßt); bei anderen Schulklassikern der realistischen Literatur ließe sich gleiches zeigen (Fontane bietet z.B. Material dazu).

Die Berücksichtigung dieses "volkslinguistischen" Gegenstandsbereiches setzt allerdings eine methodologische Grundentscheidung voraus: Gegen eine nur deskriptive Adäquatheit der Analyse (wie sie allerdings das "Paradigma" des amerikanisches Distributionalismus bestimmt), für eine explanative Adäquatheit, die ihr Kriterium darin hat, daß die diagnostizierten Regularitäten im Sprachverhalten für die Handelnden Sinn machen, im sozialen Wiedererkennen von Praxisformen subjektiv verankert sind (gebunden an das lebensgeschichtliche Erleben dieser Praxisformen). Chomskys Kritik am deskriptiven "Hokuspokus" rennt insofern in dieser Tradition offene Türen ein - und macht seinen Rückfall in einen biologischen Fundamentalismus ("god's truth - um in Householders Bild zu bleiben) überflüssig. Diese methodologische Debatte ist für die Sprachwissenschaft als Disziplin im übrigen konstitutiv; in der Dialektologie kann sie jetzt ein hundertjähriges Jubiläum feiern.

Da die Frühgeschichte nicht sonderlich bekannt ist (Hinweise darauf fehlen z.B. in dem Sammelband Göschel und andere 1976), sei hier noch eine bibliographische Anmerkung dazu erlaubt. In Reaktion auf die romantischen Anfänge der Sprachwissenschaft, vor allem dann in der positivistischen Emphase des Elans einer experimentellen Wissenschaft (gestützt auf die experimentelle Phonetik) wurden in der Dialektologie des letzten Jahrhundertviertels rasch alle "realistischen" Begriffe der Theorie entwertet, für die kein direktes Korrelat in den Beobachtungsdaten zu finden war. Nach dem Ascoli in seinen Arbeiten seit 1873 (im Archivio glottologico italiano) systematisch begonnen hatte, den

diffusen Sprachbegriff durch einen areallinguistisch zu
operationalisierenden Begriff Dialekt zu ersetzen, ging der
deutsche Romanist Paul Meyer daran, seinerseits in der Dialektologie den nicht operationalisierbaren Dialektbegriff
durch Korrelationen von Isoglossen-Bündeln zu ersetzen (s.
Meyer 1875, 1877, 1879). Der konsequente Nominalismus
Meyers steht auf dem Gegenpol zu einer kulturanalytisch
orientierten Sprachforschung, die theoretisch expliziert,
wie Sprecher sich ihre Formen der Sprachpraxis aneignen.
Die damit verbundenen methodischen Fragen einer "subjektiven Dialektologie" sind in der jüngeren Zeit vor allem durch
die Fallstudie zu einer japanischen Kleinregion von Grootaers (1959) wieder angeregt worden; sie haben in den neueren deutschsprachigen Einführungen und Überblicksdarstel-
lungen allerdings kaum Berücksichtigung gefunden (eine Ausnahme bildet Löffler 1974, S. 134-9). Soweit ich sehe, gehen die Arbeiten von Dennis Preston methodisch hier am
weitesten, gerade auch was die kartographische Umsetzung
der von ihm explorierten US-amerikanischen Verhältnisse an-
betrifft, die er in einer Aufeinanderprojektion der sprachlichen "mental maps" seiner Informanten aus verschiedenen
Regionen versucht, mit denen diese ihre (intern wieder
komplexen) Bewertungen sprachlicher Variatäten regional
zuordnen (wobei die Kartographie nicht zuletzt dadurch kom-
pliziert wird, daß die geographischen Räume der Informanten selbst wieder inhomogen sind), s. etwa Preston 1982
und im Erscheinen.

7. Ganz im Sinne der neokantianischen Wissenschaftstheorie der
   Zeit, wie sie Vaihinger entwickelte, s. Vaihinger 1911.

8. Chomskys einschränkende Definition der "core grammar" in
   Chomsky 1981.

9. Aufschlußreich ist die in diesem Sinne spiegelverkehrte Diskussion zwischen Linguisten und Neurophysiologen in
   Schnelle 1981, s. dort besonders den Beitrag von Poeck, S.
   97ff.

10. Letztlich: weil sie ihrerseits mit den biologistischen Prä-
    missen das methodisch produktive Postulat der (relativen)
    Autonomie der sprachlichen Form außer Kraft setzen.

11. Zu dieser Marginalisierung s. Dell Hymes 1980, besonders
    S. 206.

12. Zu diesem Konnotationsbegriff s. Maas 1984b. In Ergänzung
    zu den Literaturhinweisen dort sei noch auf die schöne Fall-
    studie von Petra Braselmann 1981 verwiesen.

    Die Konnotationsanalyse richtet sich gegen eine milieutheo-
    retische Reduktion: Statt einer simplen Korrelation von
    "objektiven" Fakten: Sprachform und soziale Daten, analy-
    siert sie die Form der Sprachpraxis durch die in sie ein-
    geschriebenen "Sprachbiographien", die subjektive Aneig-
    nung der sozial vorgegebenen sprachlichen Potentiale; da-
    her oben die Hervorhebung des Lernkonzeptes.

13. Einmal mehr ein Topos in der volkskundlichen Forschung, wo
    sich Mathilde Hain in ihrer Arbeit 1951 von dieser Bestim-
    mung des Untersuchungsgegenstandes her gegen eine sprach-
    wissenschaftliche Methodik und für eine sozialwissenschaft-
    liche ausspricht (dazu rechnete sie im übrigen auch die
    Sprachsoziologie Weisgerbers). Hains Arbeit ist ein gutes
    Beispiel für eine Tradition der Sprachforschung, deren
    Probleme die Sprachwissenschaftler immer wieder am Schreib-
    tisch neu erfinden. Sie zeigt auch, daß die "Topoi" dörf-
    licher Sprachpraxis keineswegs formal festliegen (also auch
    nicht lexikographisch erfaßt werden können), sondern ad hoc
    variiert werden, je nach Gesprächkonstellation; daß nicht
    nur ihre Benutzer kreativ sein müssen, sonder auch ihre
    Zuhörer, die sie wiedererkennen müssen (es gilt zur aktu-
    ellen Situation jeweils einen passenden Spruch zu finden -
    wie es auch gilt, zu einem vorgegebenen Spruch eine kreati-
    ve Adaptierung an die Gesprächssituation zu produzieren).
    Fragestellungen der wörtlichen Bedeutung nicht anders als
    der Konnotation (die in solche Redeweisen bzw. die Anspie-
    lungen auf sie eingeschrieben sind) sind hier in einer Wei-
    se behandelt, die durchaus mit neueren Arbeiten zu diesem

Thema mithalten kann, s. jetzt etwa Burger und andere 1982.
Vgl. auch Hains Überblick über methodische Fragen der Volkskunde 1957.

14. Hier gibt es eine lange Tradition der empirischen Forschung
seit Rousselots Pionierarbeit von 1891. Als theoretisch ge-
führte Debatte über den Sprachwandel war sie Hintergrund
sowohl für Saussure wie für Bloomfield (zu erinnern ist besonders an die Arbeiten von Gauchat 1905, Herrmann 1929).
Die "soziolinguistische" Revision des strukturalistischen
Forschungsprogramms erfolgte im übrigen ja auch nicht von
ungefähr in einer Rückbesinnung auf diese Tradition, wie es
Labov herausgestellt hat, s. Weinreich, Labov, Herzog 1968.

Daß eine strukturale Gegenstandsdefinition allerdings den
Blick auf die kulturelle Praxis verstellen kann, an der
der Feldforscher teilnimmt, ist bei dem Großteil der einschlägigen Arbeiten nicht zu übersehen. Als schlimmes Beispiel (das mich beim Nachlesen heute erschreckt) kann ich
meine eigenen dialektologischen Arbeiten nennen, in denen
ich mit den komplexen Problemen eines "absterbenden"
Dialekts zu tun hatte, aber nichts anderes zu tun wußte,
als die registrierten "Polymorphismen" auf strukturale For-
meln zu ziehen (Maas 1969, 1970).

15. Diese Feststellung ist gerade auch für die ältere Dialektologie selbstverständlich, wie das Kapitel "Die Mundart
in ihrer soziologischen Schichtung" in Bach (1950) zeigt,
dessen spezifische Art der Subsumtion der Sprachwissenschaft unter die Volkskunde allerdings nicht fortgeschrie-
ben werden soll (die "Aufhellung... der Wesensart des
deutschen Volksmenschen", S. 227). Differenzierter und
aufschlußreicher ist hier vor allem Mitzka 1952; für die
neuere Dialektologie s. den Überblick Mattheier 1980.

Das Gesagte gilt im übrigen auch für den deskriptiven
Strukturalismus US-amerikanischer Machart. Der Zwang zur
methodologischen Reflexion führte hier zwar zu postulier-
ten Ideolekten, aber damit eben auch zur Annahme koexistie-
render Systeme bei einem Sprecher bzw. in einem Text, s.
z.B. Fries/Pike 1949.

16. Ich verweise hier auf Bausinger 1968, Lehmann 1978, 1980,
    1983; weitere Literaturhinweise in den Überblicksdarstel-
    lungen von Bausinger. Es ist signifikant, daß in dem wich-
    tigen Sammelband Ehlich 1980 zwar in den einleitenden Be-
    merkungen des Herausgebers (S. 22) ein pauschaler Hinweis
    auf Bausinger zu finden ist, in den Beiträgen selbst dann
    allerdings die "volkskundliche" Erzählforschung nicht Er-
    wähnung findet.

17. Geschlechtsspezifische Differenzen in der Dialektpraxis
    beschäftigten die volkskundliche/dialektologische For-
    schung von Anfang an, z.T. allerdings mit reichlich kru-
    den biologistischen Prämissen über die konservative weib-
    liche Natur, wie sie stammtischdrastisch etwa bei Riehl
    1882 zu finden sind (s. auch Bach 1950: S. 234-35). In
    diesem Jahrhundert werden die Verhältnisse aber aufgrund
    von Sozialstatistiken zugänglicher, s. etwa Bode 1928 oder
    Janßen 1943 für den angesprochenen Befund, der in der pä-
    dagogischen Psychologie eine entsprechende Berücksichti-
    gung fand; s. dazu z.B. die erwähnte Arbeit von Hetzer/
    Morgenstern 1952. Zu dem ganzen Komplex s. auch Mattheier
    1980.

18. Anregend sind hier neuere Arbeiten der Jugendsoziologie,
    bei denen die sprachlichen Fragen allerdings meist nur
    sehr marginal auftauchen, etwa Willis 1978.

19. Hier liegt denn auch die Ambivalenz solcher Rückgriffe auf
    die außerdisziplinären oder gar vorfachgeschichtlichen Ar-
    beiten/Darstellungen von Sprachproblemen. Daß empirischer
    Reichtum und theoretische Explikation zu einem gegensinni-
    gen Verhältnis tendieren, ist eine tautologische Feststel-
    lung für die Wissenschaftsentwicklung; der Grenzwert liegt
    hier aber nicht bei den charmanten Aphorismen der enzyklo-
    pädischen Polyhistoren des 18./19. Jahrhunderts, die sich
    einer gewissen modischen Aufmerksamkeit erfreuen, sondern
    bei der Narration des Alltags in der Belletristik. Mit dem
    Reichtum und der Dichte naturalistischer Literatur kann
    wissenschaftliche Explikation nicht sinnvoll konkurrieren;
    verglichen mit ihr ist die mikroskopisch genaue Verdoppe-

lung des Alltags, wie sie zunehmend die Druckseiten füllt, oft genug nur schlicht langweilig - ohne eine Explikation zu leisten, die nur in einer theoretischen Modellierung erfolgen kann.

20. Siehe etwa Bausinger 1971 und Bausinger u.a. 1978, sowie besonders auch Emmerich 1968.

21. Das gilt so insbesondere für die Arbeiten Labovs, der von seiner Herkunft und Orientierung an naturwissenschaftlichen Arbeitsweisen auch nie einen Hehl gemacht hat; s. etwa die frühen Aufsätze von Labov 1972a; daneben steht bei ihm allerdings eine feldsensible Ethnographie, die mit den anderen Arbeiten nicht vermittelt ist, s. z.B. Labov 1972b.

22. Materialien aus dem Seminarbericht "Sprache Jugendlicher" (Osnabrück: Universität,vervielfältigt 1982); hier die Studie von Heike Stockhaus, S. 57-70.

23. Siehe dazu mit Hinweisen auf die weitere Literaturen Maas 1984c.

24. Auch hier sind im übrigen in der Dialektologie schon bemerkenswerte Ansätze zu verzeichnen. Nicht nur, daß wie oben angemerkt dort die Heterogenität von Sprachgemeinschaften empirisches Thema ist, in der Untersuchung des dominanten Stadt-Landgegensatzes ist in den letzten fünfzig Jahren auch die Aneignung der Schrift(Sprache) bzw. die Reaktionsbildungen darauf bei den Dialektsprechern Thema geworden. Ein schönes Beispiel dafür bietet Baumgartner 1940, der nicht nur die komplexen Reaktionsbildungen in den sprachlichen Verhältnissen quer zu einem simplen Schichtungsmodell untersucht (abhängig etwa von der Migrationsgeschichte der Familie), sondern dabei besonders auf Probleme sprachlicher Unsicherheit eingeht, die unterschiedlichen Toleranzschwellen gegenüber Abweichungen bei der Schriftsprache und der Mundart korrespondieren. Anders als die (auch städtische) Mundart mit ihren rigiden Ausgrenzungsmechanismen gegenüber Abweichungen ist die schriftsprachliche Praxis (gerade wegen ihrer schulischen Konnotationen) relativ tolerant und bietet so größe-

re Sicherheit für sprachliche Unsicherheit (s. Baumgartner 1940:54).

25. Der aktuelle Mythos des Authentischen verweist in der Sprachwissenschaft auf eine Tradition, die von den anti-modernistischen Denkfiguren des ausgehenden 19. Jahrhunderts (besonders etwa bei Tönnies 1887, der Sprache an die mütterliche Biologie band) über die jugendbewegte Sprachforschung in die widerstandslose Integration in den Faschismus führte (s. Simon in diesem Band).

26. Siehe Weber 1931, 1935, 1951, sowie insbesondere auch die von ihm angeleiteten Dissertationen in den von ihm heraus-gegebenen Reihen "Schriften zur Soziologie der Kultur", 1913ff. und "Probleme der Staats- und Kultursoziologie", 1927ff. Zu Alfred Weber s. auch Eckart 1970.
Die Kritik an der borniert-elitären Kulturreflexion war Ende der 60er Jahre überfällig, aber es ist an der Zeit, auch das ganzheitliche Programm der alten Philologie - kritisch auf die Füße gestellt - wieder aufzunehmen, für das hier ein Zitat Konrad Burdachs stehen kann: "Jedem sprachlichen Entwicklungsvorgang liegt eine Kulturbewegung zu Grunde" (Burdach 1925:207).
Innerhalb der fachdisziplinären Grenzen ist hier auf die französische Sprachwissenschaft hinzuweisen, die um die Jahrhundertwende die sterile Faktenkompilation deutscher Junggrammatiker kritisierte und zugleich mit einer zei-chentheoretischen Begründung der Grammatiktheorie eine "kulturanalytische" bzw. sozialwissenschaftliche Reflexion des Gegenstandes verlangte. Für Meillet war de Saussures Cours nur ein Moment unter mehreren der nötigen Revision der Sprachwissenschaft. Meillets programmatische Forde-rungen lesen sich dabei manchmal wie eine Paraphrase auf die kulturgeschichtliche Orientierung der deutschen Philo-logie, etwa Burdachs eben zitiertes Diktum: "Du fait que le langage est une institution sociale, il résulte que la linguistique est une science sociale, et le seul élé-ment variable auquel on puisse recourir pour rendre compte du changement linguistique est le changement social dont

les variations du langage ne sont que les conséquences
parfois immédiates, et le plus souvent médiates et indi-
rectes" (Meillet 1921:17 - Zitat aus einem Vortrag von
1906).

In dieser Tradition (keineswegs einem puristischen "Strukturalismus")hat die französische Sprachwissenschaft
vor allem im Bereich der Lexikologie die Sprachgeschichte
neu erschlossen; und es ist kein Zufall, daß eine der derzeit produktivsten sprachwissenschaftlichen Debatten, die
"Diskursanalyse", in Frankreich ihren Ausgang nimmt - und
in der bundesdeutschen Diskussion noch längst nicht einmal
hinreichend rezipiert ist.

27. Dazu das Projekt über jugendliche Tagebücher, zusammen-
    fassend Bühler 1959; vor allem auch die bereits erwähnten
    Arbeiten von Hildegard Hetzer, z.B. Hetzer 1926, die an-
    ders als Charlotte Bühler die Schreibpraxis von Jugendli-
    chen einer anderen sozialen Schicht untersucht. In der
    reformpädagogischen Debatte war das Bewußtsein um die
    Adoleszenz als Ansatzpunkt für schulische Sprachreflexion
    ein Topos, s. etwa schon von Greyerz 1914, besonders S.
    389. Volkskundliche Arbeiten über das Kinderspiel (dazu
    auch Hetzer 1927) sind aufschlußreich für die Sprachbio-
    graphie, gerade auch in weniger dramatischen Bereichen, wo
    sie die kreative Aneignung der sprachlichen Möglichkeiten
    der Umwelt aufzeigen, wie etwa bei der aus dem Tübinger
    Institut hervorgegangenen Arbeit von Baader 1979, die
    schön auch die kindliche Weise zeigt, die sprachliche Viel-
    falt infolge der Arbeitsmigration zu nutzen (s. etwa Bd. 1,
    S. 48).

28. Siehe jetzt die Neuauflagen von Mauthner 1982 (zuerst 1901/
    1902) und 1980 (zuerst 1910/1911). Zum Kontext der Sprach-
    krise der Jahrhundertwende s. von Polenz 1983.

29. Zu den frühesten Arbeiten, dazu gehört im übrigen Spitzer
    1918, der auch schon auf die Homologie von Morgenstern und
    Mauthnerscher Bearbeitung der gesellschaftlichen "Sprach-
    krise" verweist.

30. Hier insbesondere auch die für die jüngere Sprachwissen-
    schaft einflußreichen Arbeiten Wittgensteins; zu diesen
    bzw. ihrem gesellschaftlichen Kontext s. jetzt Janik/
    Toulmin 1973.

ERWÄHNTE LITERATUR

Baader, Ulrich

1979 Kinderspiele und Spiellieder, 2 Bde., Tübingen: Vereinigung für Volkskunde

Bach, Adolf

1950 Deutsche Mundartforschung. Ihre Wege, Ergebnisse und Aufgaben 2. Aufl. Heidelberg: Winter (1. Aufl. 1934)

Baumgartner, Heinrich

1940 Stadtmundart. Stadt- und Landmundart. Bern: Lang

Bausinger, Hermann

1968 Formen der "Volkspoesie". Berlin: Schmidt

1971 Volkskunde. Von der Altertumsforschung zur Kulturanalyse.
2. Aufl. Tübingen: Vereinigung für Volkskunde 1979

1978 (mit U. Jeggle, G. Korff, M. Scharfe), Grundzüge der
Volkskunde. Darmstadt: Wissenschaftliche Buchgesellschaft

1980 Zur Spezifik volkskundlicher Arbeit. Zeitschrift für
Volkskunde 76: 1-21

Bloomfield, Leonhard

1933 Language (Nachdruck) London: Allen and Unwin 1965

Bode, Paul

1929 Vom Hochdeutschsprechen der Schulanfänger auf dem Lande
in: Zeitschrift für pädagogische Psychologie 29: 545-558

Bourdieu, Pierre

1980 Questions de sociologie, Paris: Minuit

Braselmann, Petra M.E.

1981 Konnotationen, Verstehen, Stil. Operationalisierung
sprachlicher Wirkungsmechanismen dargestellt an Lehnele-
menten im Werke Maurice Dekobras. Frankfurt: Lang

Brekle, Herbert

1985 Volkslinguistik in: F. Januschek 1985: 145-156

Bühler, Charlotte u.a.

1959 Der menschliche Lebenslauf als psychologisches Problem.
2. Aufl. Göttingen: Hogrefe 1959

Büld, Heinrich
1939 Sprache und Volkstum im nördlichen Westfalen. Sprachgrenzen und Sprachbewegungen in der Volksmeinung. Emsletten:
Lechte

Burdach, Konrad
1925 Vorspiel. Gesammelte Schriften zur Geschichte des deutschen Geistes Bd. I, 2. Halle/S.: Niemeyer

Burger, Harald u.a.
1982 Handbuch der Phraseologie. Berlin: de Gruyter

Chomsky, Noam
1981 Lectures on Government and Binding. Dordrecht: Foris

Eckart, Roland
1970 Kultur, Zivilisation und Gesellschaft. Die Geschichts-
theorie Alfred Webers. Basel: Kyklos

Ehlich, Konrad (Hrsg.)
1980 Erzählen im Alltag. Frankfurt: Suhrkamp

Emmerich, Wolfgang
1968 Germanistische Volkstumsideologie. Genese und Kritik der
Volksforschung im Dritten Reich. Tübingen: Vereinigung
für Volkskunde

Fabre, Daniel/Lacroix. Jaques (Hrsg.)
1975 Communautés du sud, 2 Bde. Paris: 10/18

Fries, Charles C./Pike Kenneth L.
1949 Coexistent phonemic systems, in: Language 25: 29-50

Gauchat, L.
1905 L'unité phonétique dans le patois d'une commune, in:
Festschrift H. Morf, Halle/S.: Niemeyer: 175ff.

Givón, Talmy
1979 On understanding grammar, New York usw.: Academic Press

Göschel, Joachim/Nail, Norbert/van der Elst, Gaston (Hrsg.)
1976 Zur Theorie des Dialekts. Wiesbaden: Steiner

Gotthelf, Jeremias (Albert Bitzius)
ca. Der Besuch, in: Erzählungen, hrsgg. von H. Helmking.
1850 München: Winkler 1960: 566-601

Greyerz, Otto von
1914 Der Deutschunterricht als Weg zur nationalen Erziehung.
Leipzig: Klinkhardt

Grootaers, Willem A.
1959 Origin and nature of the subjective boundaries of dialects, in: Orbis 8 (1959): 355-384

Hain, Mathilde
1951 Sprichwort und Volkssprache. Eine volkskundlich-soziologische Dorfuntersuchung. Gießen

1957 Die Volkskunde und ihre Methoden, in: Stammler (Hrsg.),
Deutsche Philologie im Aufriß, Berlin: Schmidt, Bd. III,
Spalte 2547-2570

Hermann, Eduard
1929 Lautveränderungen in den Individualsprachen einer Mundart, in: Nachrichten der Gesellschaft für Wissenschaft,
Göttingen, Phil.-hist. Klasse, S. 195ff.

Hetzer, Hildegard
1926 Der Einfluß der negativen Phase auf soziales Verhalten
und literarische Produktion pubertierender Mädchen, in:
Hetzer/L. Vecerka, Soziales Verhalten pubertierender Mädchen, Jena: Fischer: 1-44

1927 Das volkstümliche Kinderspiel, Berlin: Jugend und Volk

1929 Kindheit und Armut. Leipzig: Herzel

1952 (mit G. Morgenstern) Kind und Jugendlicher auf dem Lande.
Lindau: Piorkowski
1976 (mit I. Stoll) Tischgespräche mit Kleinkindern. Ulm: Arbeitsausschuß gutes Spielzeug (o.J.)

Hofmannsthal, Hugo von

Ein Brief. in: Ausgewählte Werke in 2 Bde. (hrsgg. von R. Hirsch), Frankfurt: Fischer 1957, Bd. 2: 337-348

Hymes, Dell
1980 (Beitrag in) First Person Singular. Papers from the Conference on an Oral Archive for the History of American Linguistics. (B.H. Davis, R.O'Brien, Hrsg.) Amsterdam: Benjamins, 203-214

Janik, Allan/Toulmin, Stephen
1973 Wittgensteins Wien (Deutsche Übersetzung), München: Hanser 1984

Janßen, Hans
1943 Leben und Macht der Mundart in Niedersachsen. Oldenburg: Stalling

Januschek, Franz (Hrsg.)
1985 Politische Sprachwissenschaft. Opladen: Westdeutscher Verlag

Labov, William
1972a Sociolinguistic Patterns, Philadelphia: U. Pennsylvania Press

1972b Language in the Inner City, Philadelphia: U. Pennsylvania Press

Lehmann, Albrecht
1978 Erzählen eigener Erlebnisse im Alltag, in: Zeitschrift für Volkskunde 74: 198-215

1980 Rechtfertigungsgeschichten, in: Fabula 21: 56-68

1983 Erzählstruktur und Lebenslauf. Frankfurt: Campus

Löffler, Heinrich
1974 Probleme der Dialektologie. Eine Einführung. Darmstadt: Wissenschaftliche Buchgesellschaft 1974

Maas, Utz

1969- Morphologie du parler occitan de Couzou (Lot), Teil I
1970 in: Revue Romane 4: 148-182, Teil II ebd. Bd. 5: 55-93

1984a Versuch einer kulturanalytischen Bestimmung ausländer-
      pädagogischer Aufgaben, in: Deutsch lernen 9, 3-24

1984b Konnotation, in: Januschek 1985: 71-95

1984c Rezension von G. Kress, Learning to write (1982), in:
      Zeitschrift für Sprachwissenschaft 3: 139-144

Im Ersch. Lesen/Schreiben/Schrift. Die Demotisierung eines
      professionellen Arkanums im Spätmittelalter und in der
      frühen Neuzeit, in: LiLi. Zeitschrift für Literatur-
      wissenschaft und Linguistik 57

Mattheier, Klaus J.
1980 Pragmatik und Soziologie der Dialekte. Heidelberg: Quelle
      und Meyer

Mauro, Tullio de (Hrsg.)
1972 (kritisch kommentierte Ausg. von) F. de Saussure: Cours
      de linguistique générale, Paris: Payot (ital. Orig. 1967)

Mauthner, Fritz
1901- Beiträge zu einer Kritik der Sprache. Neuauflage Frank-
1902 furt: Ullstein 1982

1910- Wörterbuch der Philosophie, 2 Bd., Neuauflage Zürich:
1911 Diogenes 1980

Meillet, Antoine
1921 Linguistique historique et linguistique générale (Bd. 1),
      Paris: Champion

Meyer, Paul
1875 Rezension von AGI 2, in: Romania 4: 293-296

1877 Rezension von AMSL 3, in: Romania 6: 630-633

1879 Rezension von AMSL 5, in: Romania 8: 469-471

Mitzka, Walther
1928 Sprachausgleich in den deutschen Mundarten bei Danzig.
      Königsberg: Gräfe & Unzer

1952 Handbuch zum deutschen Sprachatlas. Marburg: Elwert

Peukert, Will-Erich
1931 Volkskunde des Proletariats. I. Aufgang der proletarischen Kultur. Frankfurt: Neuer Frankfurter Verlag

Pike, Kenneth L.
1959 Language in Relation to a Unified Theory of the Struc-
ture of Human Behavior, Neuauflage Den Haag: Mouton 1967

Polenz, Peter von
Im Ersch. Eskapismus und Sprachkrise um 1900, erscheint in:
Budapester Beiträge zur Germanistik (vervielfältigtes
Manuskript von 1983)

Preston, Dennis R.
1982 Perceptual dialectology: Mental maps of United States
dialects from a Hawaiian perspective, In: Hawaii Wor-
king Papers in Linguistics 14/2 (1982): 5-49
im   Five visions of America, ersch. in: Language and So-
Ersch. ciety

Riehl, Wilhelm Heinrich
1861 Die deutsche Arbeit. Stuttgart: Cotta

1862 Die Familie, 8. Aufl. Stuttgart: Cotta

Rousselot, Pierre
1891 Les modifications phonétiques du langage étudiées dans
le patois d'une famille de Cellefrouin (Charente), Paris

Saussure, Ferdinand de
1916 Cours de linguistique générale, hrsg. von Ch. Bally,

A. Sechehaye, A. Riedlinger, Nachdruck Paris: Payot 1965

Schnelle, Helmut (Hrsg.)
1981 Sprache und Gehirn. Roman Jakobson zu Ehren. Frankfurt:
Suhrkamp

Spitzer, Leo
1918 Die groteske Gestaltungs- und Sprachkunst Christian Mor-
gensterns, in: Hans Sperber/Leo Spitzer, Motiv und Wort.

Studien zur Literatur und Sprachpsychologie. Leipzig
Reisland: 53-123

1921 Die Umschreibung des Begriffes "Hunger" im Italienischen.
Halle/S.: Niemeyer

Tönnies, Ferdinand
1887 Gemeinschaft und Gesellschaft. Grundbegriffe der reinen
Soziologie. Nachdruck der 8. Aufl. Darmstadt: Wissenschaftliche Buchgesellschaft 1979

Tylor, E.B.
1871 The origins of culture. Nachdruck Gloucester (Mass.):
Smith 1970

Vaihinger, Hans
1911 Die Philosophie des Als Ob. System der theoretischen,
praktischen und religiösen Fiktion der Menschheit aufgrund eines idealistischen Positivismus. Leipzig: Meiner
2. Aufl. 1924

Veblen, Thorstein
1899 Theorie der feinen Leute. Eine ökonomische Untersuchung
der Institutionen (Deutsche Übersetzung). Köln: Kiepen-
heuer & Witsch 1958

Weber, Alfred
1931 Kultursoziologie, in: A. Vierkandt (Hrsg.), Handwörter-
buch der Soziologie, Nachdruck Stuttgart: Enke 1959:
284-294

1935 Kulturgeschichte als Kultursoziologie, Nachdruck: München:
Piper 1950

1951 Prinzipien der Geschichts- und Kultursoziologie. München:
Piper

Weinrich, Uriel/Labov, William/Herzog, Marvin
1968 Empirical Foundations for a Theory of Language Change,

in: W. Lehmann/Y. Malkiel (Hrsg.), Directions for Historical Linguistics, Austin: 95-188

Willis, Paul

1979 Spaß am Widerstand. Gegenkultur in der Arbeiterschule. (Deutsche Übersetzung) Frankfurt: Syndikat 1979

II Thematische Beiträge

Herbert Ernst Brekle

EINIGE NEUERE ÜBERLEGUNGEN ZUM THEMA VOLKSLINGUISTIK

Die Tatsache, daß Bausinger (in diesem Buch S. 25) dieses Thema anspricht und in mündlicher Diskussion einiges Kritische zu
meinen sehr vorläufigen Überlegungen (Brekle 1985) vorgebracht
hat, veranlaßt mich zu einer kurzen Stellungnahme. Es geht mir
hier nicht darum, aus der älteren oder neueren volkskundlichen,
ethnographischen oder dialektologischen Literatur weitere Belege dafür beizubringen, daß - ante litteram - Beobachtungen
und Forschungen über Volkslinguistik [= VL] schon sehr lange
angestellt wurden. Nicht weiter vertieft werden soll der mögliche Nutzen volkslinguistischer Forschungen für eine Erweiterung der zeitlichen und substantiellen Dimensionen einer Historiographie der Sprachwissenschaft (cf. einige Hinweise in
Brekle 1985:146ff.). Angesprochen werden sollen dagegen Fragen der Eingrenzung des Bereichs der VL, mögliche Schlußfol-
gerungen aus Ergebnissen der VL-Forschung und Beziehungen zu
anderen Disziplinen.
Vorweg sei gesagt, daß dem Terminus VL keine Assoziationen
mit irgendwelchen mythologisierenden oder hypostasierenden
Momenten des zu Zeiten ideologisch verfälschten Volksbegriffs
angelastet werden sollten. Mit der Prägung dieses Terminus
in meinem früheren Beitrag (1985:145f.) war vielmehr u.a. auch
eine m.E. fällige konnotative Entlastung des Wortes Volk
intendiert. Zumindest unter Wissenschaftlern sollte es heute
wieder möglich sein - in vollem Bewußtsein darüber, was der
deutsche Nationalismus und die Nazis damit verbrochen haben -
diesem Wort und seinem Gebrauch wieder kritisch näher zu treten. Hinzugefügt sei hier auch gleich, daß ich in diesem Zusammenhang Bausingers und Maas' mündlich und brieflich vorge-
brachte Kritik grundsätzlich akzeptiere: Forschungen über
volkslinguistische Daten (vor allem aus historischen Zeiträu-
men) sollten nicht unter der Prämisse stehen, daß damit etwas
über die ureigenste, sozusagen natürliche metasprachliche und

metakommunikative Kompetenz eines Volkes bzw. einer Sprachgemeinschaft ausgesagt werden könnte. Aus der Geschichte der
Volkskunde wissen wir mittlerweile, daß z.b. "Volks"märchen
und "Volks"lieder keineswegs immer quasi-natürlich entstanden
sind, sondern - im Einzelfall nachweisbar - als "gesunkenes
Kulturgut" aus ganz anderen gesellschaftlichen Bereichen bzw.
von bestimmten Autoren stammen können (cf. z.B. Bausinger 1968:
Kap. I). Dieselbe Situation haben wir grundsätzlich bei raum-
zeitlich einigermaßen fixierbaren volkslinguistischen Daten
anzunehmen.[1] Etwas anderes wären Untersuchungen - die es bisher nicht gibt - über die Phylogenese solcher metasprachlichen
Wörter in allen Sprachen, die nachweislich nicht in historischer Zeit in eine Sprache von Priestern, Gelehrten u.ä. eingeführt wurden: z.B. sprechen (Sprache), Wort, fragen, antworten... (cf. Brekle 1985:151f.). In diesem Fall wird man durchaus von elementaren Bedürfnissen der Kooperation und Verständnissicherung früher Menschen ausgehen dürfen.[2]
Einschlägig sind in diesem Zusammenhang auch Überlegungen des
Sprachphilosophen Michael Dummett, der - systematisch eingebettet in seine Analysen zu Freges Sprachphilosophie - zu dem
Schluß kommt, daß Menschen in ihrer alltäglichen Kommunika-
tionspraxis im Interesse der Verständnissicherung immer auch
implizit Ansätze zu Theorien des Sinns sprachlicher Ausdrücke
entwerfen und vor allem damit praktisch umgehen.[3] An dieser
Stelle kann auf mögliche Implikationen der Erforschung ent-
sprechender volkslinguistischer Daten für die Konstruktion
einer realistischen Bedeutungstheorie - genauer, einer Theorie der Äußerungsbedeutungen - nicht eingegangen werden. (Cf.
aber Bosch 1984 und Brekle 1984:272-4). Hierher gehören auch Untersuchungen über die Entwicklung der metasprachlichen Fähigkeiten bei Kindern. Gleitman, Gleitman und Shipley machen in
ihrer empirischen Studie von 1972 deutlich, daß schon bei
Zweijährigen rudimentäre metasprachliche Reaktionen auftreten
können, die nicht auf explizitem Training beruhen können.
Von einem Vierjährigen wird folgende Frage zur syntaktischen
Segmentierung berichtet
        Mommy, is it AN A-dult   A NUH-dult? (139)
Von einem Erstkläßler, der mit dem üblichen Gebrauch von

Interpunktionszeichen noch nicht vertraut ist, wird folgende
Unterscheidung zwischen Gebrauch und Zitierung eines Wortes
dokumentiert

    child (writing): They call Pennsylvania Pennsylvania
                      because William Penn had a (Penn)
                      in his name.

            Mother: Why did you put those marks around
                    the word Penn?

             Child: Well, I wasn't saying Penn, I was just
                    talking about the word. (139)

Im einzelnen zeigt die sorgfältige Studie der drei Autoren,
wie die Entwicklung metasprachlicher und metakommunikativer
Fähigkeiten bei Fünf- bis Achtjährigen abläuft; innerhalb dieses Entwicklungszeitraums wird grundsätzlich die normale Meta-
Kompetenz von Erwachsenen erreicht.
Derartige Untersuchungen sind m.E. für das Erkenntnisinteresse
von VL-Forschern direkt relevant: in Einzelfall- und Populati-
onslongitudinalstudien könnte - sicherlich in Abhängigkeit
vom ökonomisch-kulturellen Hintergrund der Kinder - deutlich
gemacht werden, wie sich im Zusammenhang mit der Entwicklung
anderer kognitiver Fähigkeiten metasprachliche und metakommunikative Fähigkeiten entwickeln und wie die normale Meta-Kompe-
tenz von Mitgliedern einer bestimmten Gesellschaft oder eines
Teils davon aussehen könnte. Daß dabei Variationen über sozio-
ökonomischen und kulturellen Faktoren sich ergeben werden,
liegt m.E. auf der Hand.
Hier deutet sich allerdings auch schon ein Ein- bzw. Abgren-
zungsproblem für die VL-Forschung an: nimmt man das, was ich in
meinem früheren Beitrag als vorläufige Explikation des Terminus VL vorgeschlagen habe[4] ernst, so ergeben sich daraus
weitreichende Konsequenzen.
Es ist nämlich noch keineswegs ausgemacht, von wem und unter
welchen Bedingungen solche "sprachlichen Ausdrücke bzw. Äußerungen" geschaffen bzw. hervorgebracht wurden bzw. werden; es
kann sich dabei - immer unter Beachtung des Kriteriums, daß
damit "bestimmte gesellschaftlich-praktisch relevante Wirkungen" (minimal auch nur interindividuell relevante Wirkungen)

hervorgebracht werden - um Personen handeln, die - evtl. auch
unter Verwendung mehr oder weniger "wissenschaftlicher" Termini (vgl. z.B. Geisslers jüngste "Semantik"-Kampagne)
sprachreflexiv oder kommunikationsmanipulativ tätig werden,
aber auch um Menschen, die unter Verwendung althergebrachter
metasprachlicher Ausdrücke des Allgemeinwortschatzes z.B. Verständnissicherung gegenüber einem Kommunikationspartner an-
streben.
Akzeptiert man wenigstens tentativ diesen weiten Gegenstandsbereich einer bislang nur in Umrissen skizzierten VL, so ergeben sich automatisch Überschneidungen mit vielerlei sprach-
kritischen Bemühungen von Schriftstellern, Journalisten und
Sprach- und Literaturwissenschaftlern.
Verdeutlicht werden kann dies etwa an der Resonanz, die H.-M.
Gaugers Feuilleton-Beitrag in der Süddeutschen Zeitung (12./13.1.85)
("Unwahre Wörter") gehabt hat.[5] Es ging dabei um die viel-
schichtige Frage, ob und inwieweit die heutige Verwendung von
Wörtern wie Krieg, Waffen etc. in irgendwelchen Äußerungen
angesichts der apokalyptischen Perspektiven eines neuen "Krieges" schon eine Unwahrheit darstelle. Bei dieser Gelegenheit
haben sich - meist in Reaktion auf den Leserbrief eines Sprachwissenschaftlers - Bürger unterschiedlicher Profession sprach-
kritisch zu Wort gemeldet.
Man könnte nun daraus den Schluß ziehen, daß unabhängig davon,
wer in einer gegebenen gesellschaftlichen oder politischen
Situation metakommunikativ tätig wird, immer schon Daten und
Befunde für die VL-Forschung liefert - sei es ein Sprachwissenschaftler, ein Politiker oder der Mann/die Frau auf der Straße.
Im Extremfall wäre dann aber auch jedwede Vermittlung sprach-
(wissenschaft)licher Fertigkeiten und Wissens als volkslinguistische Tätigkeit zu qualifizieren, da sie - wie auch
immer ausgeübt[6] - nie in einem gesellschaftlichen Vakuum abläuft.
Es sieht zunächst so aus, daß diese Bereichsdiskussion einer
VL mit dem was ursprünglich mit der Einführung einer möglichen
sprachwissenschaftlichen Subdisziplin - nämlich der Erforschung
von VL-Phänomenen - intendiert gewesen sein könnte, nur noch
wenig zu tun hat. Was tun?

Entweder versucht man, den Experten aus dem Bereich volkslinguistischer Phänomene zu eliminieren, steht dann allerdings
vor dem Problem, daß gerade in einer Gesellschaft wie der unseren, Expertenwissen in vielerlei Bereiche eindringt und deshalb nicht säuberlich von "volkslinguistischen" Fähigkeiten
und Tätigkeiten zu trennen ist. Dies hieße letztlich, daß ein
Erkenntnisgegenstand namens "Volks"linguistik vielleicht nur
in bestimmten historisch-gesellschaftlichen Situationen mit
einigermaßen sauberen Kriterien delimitiert werden könnte.
Oder man ist bereit, den skizzierten maximalen Bereich der Erforschung gesellschaftlich relevanter metasprachlicher und
metakommunikativer Phänomene und Tätigkeiten als erforschungs-
würdig - innerhalb welcher interdisziplinären Überschneidungen
auch immer - anzusehen; dann sollte man dem Kind aber einen
anderen Namen geben und die VL als Teilgebiet einer solchen
Wissenschaft von der Metakommunikation zu etablieren suchen.
Quid ergo?

ANMERKUNGEN

1. Cf. etwa den Hinweis auf "kabbalistische bzw. lullistische
   Ideen" (in Brekle 1985:150), die die quasi-generative Auffassung von ABC-darien im 17. Jh. beeinflußt haben könnten.
   Ich stimme Maas (Brief vom 18.3.83) zu, wenn er sagt, daß
   "'volkslinguistische' Mechanismen nicht zuletzt auch als
   Anstrengungen zur Aneignung der gesellschaftlichen Wissens-
   potentiale zu sehen" sind. Weiterhin ist Maas' Auffassung
   plausibel, derzufolge bäuerliche ABC-darien samt den daran
   geknüpften volksgrammatischen und evtl. magischen Funktionen "so etwas wie das Ergebnis des ländlichen Volksschul-
   unterrichtes" gewesen sein können.

2. Cf. die zeitgenössischen ethnolinguistischen Befunde bei
   den Eipos in West-Neuguinea : Heeschen 1984.

3. Dummett 1973:107: "The notion of sense is, therefore, not
   a mere theoretical tool to be used in giving an account of
   a language; it is one which, in an inchoate fashion, we
   constantly appeal to or make use of in our actual practice
   (as, for instance, when we challenge someone to make preci-
   se the sense in which he is using some expression)."

4. Brekle 1985:145: "... daß damit [VL] all jene sprachlichen
   Ausdrücke bzw. Äußerungen [...] bezeichnet werden sollen,
   die ihrerseits auf Sprachliches referieren oder die metakommunikativ fungieren [... und die] bei Kommunikations-
   teilnehmern bestimmte gesellschaftlich-praktisch relevante
   Wirkungen hervorbringen."

5. Demnächst dokumentiert in OBST 1986.

6. Cf. die einschlägige Diskussion in Maas 1982.

LITERATUR

1. Bausinger, Hermann, 1968. Formen der Volkspoesie, Berlin.

2. Bosch, Peter, 1984. Lexical Learning, Context Dependence, an Metaphor, Bloomington.

3. Brekle, Herbert E., 1984. Eine Neueinschätzung der wort-bildungstheoretischen Ansätze in Karl Bühlers Sprachtheorie. In: Bühler-Studien, Bd. 1, Hrsg. Achim Eschbach. Frankfurt a.M., S. 261-276.

4. ---.--1985. "Volkslinguistik": Ein Gegenstand der Sprach-wissenschaft bzw. ihrer Historiographie? In: Politische Sprachwissenschaft. Zur Analyse von Sprache als kultureller Praxis. Hrsg. Franz Januschek, Opladen, S. 145-156.

4a Dummett, Michael, 1973. Frege: Philosophy of Language. London.

5. Gleitman, Lila / Gleitman, Henry /Shipley, Elizabeth, 1972. The Emergence of the Child as a Grammarian. In: Cognition, Vol. 1-2/3, S. 137-164.

6. Heeschen, Volker, 1984. Intuitionen. Grammatische Gespräche in nichtakkulturierten Sprachgemeinschaften. In: Linguisti-sche Berichte 94, S. 27-44.

7. Maas, Utz, 1982. Grammatik und Muttersprachunterricht. In: Gramma 6, Nr. 1, S. 37-48.

Jutta Dornheim

'Doppelbödiges Sprechen' im volkskundlichen Interview

"Den Sack schlägt man, den Esel meint man" - das Sprichwort
zeigt die Alltäglichkeit ambivalenter Referenzmittel an. Wer
es zitiert, macht deutlich, daß er/sie die Mehrdeutigkeit
durchschaut und als Sprechstrategie interpretiert.

Ein ähnliches Phänomen, das sich von dem erwähnten durch vorreflexiven Gebrauch, zumindest durch das Fehlen metasprachlicher Interpretationen unterscheidet, ist Gegenstand der folgenden Überlegungen. Aufgezeigt werden soll, was ein als 'doppelbödiges Sprechen' bezeichneter Vorgang im "narrativen Interview"[1] über die Problemwahrnehmung und -handhabung der Gesprächspartner sowie die Beziehung zwischen diesen aussagen
kann.

Das Auftreten 'doppelbödigen Sprechens' im narrativen Interview
dürfte in mehreren Faktoren begründet sein. Dominant scheinen
mir die Erfahrungen zu sein, die die Gesprächspartner/innen
mit dem, worüber gesprochen wird, in ihrer jeweiligen Lebens-
geschichte gemacht haben. Hinzu kommen Faktoren des inter-
personellen Umgangs mit diesem Realitätsausschnitt. In Kürze:
Die Spezifik des jeweils thematisierten Problems in seinen
subjektiven und objektiven Kontexten sowie Gewohnheiten des
sprachlichen Umgangs damit spielen eine herausragende Rolle.

Neben Körperwahrnehmungen und Ereignissen wie Sterben und Tod,
Gefühlen wie Liebe und Haß, gehört auch schwere Krankheit zu
den Realitäten, die als sehr persönlich, intim und heikel emp-
funden werden und über die in spezifischer Form gesprochen
wird. Ganz besonders trifft dies für Krebserkrankungen zu:
"Krebs" ist ein angstbesetztes Thema, mit dem viele zutreffende und nicht zutreffende Vorstellungen und Deutungsmuster
assoziiert werden. Diese reichen von so allgemeinen Deutungen
wie "Krebs gleich Todesurteil" oder "Von Krebs kann jeder jederzeit befallen werden" über diffuse Übertragbarkeitsvorstel-
lungen bis hin zu Schuld/Strafe-Assoziationen.[2] Der mit Krebs
verbundene Vorstellungskomplex ist zum großen Teil kollektiv
verfügbar, und viele seiner Komponenten bleiben vorreflexiv.
Gleichwohl beeinflussen diese Inhalte sprachliches und nicht-

sprachliches Handeln bei der Konfrontation mit Krebserkrankungen und beim Umgang mit Krebserkrankten. Hinweise auf diese Zusammenhänge wurden in letzter Zeit von einigen empirischen Untersuchungen[3] sowie durch Dokumentationen und Literatur von Betroffenen[4] zutage gefördert. Vor allem Mitglieder von Selbsthilfegruppen wiesen immer wieder auf das ihnen unverständliche Verhalten gesunder Personen hin, das die Beziehungen zwischen Betroffenen und ihrer sozialen Umgebung stark belastet.[5] Die befremdlichen Verhaltensweisen und sprachlichen Äußerungen, die übrigens auf beiden Seiten beklagt werden,[6] dürften in den sich auf Krebs richtenden vorreflexiven Deutungsmustern begründet sein. Mit ihnen überlagert ein strukturelles Phänomen die Handlungsaspekte von Situationen, in denen die Partner mit dem Thema "Krebs" konfrontiert sind.

Diese sozio-kulturelle und psychosoziale Dimension von Krebserkrankungen ein Stück weit zu erhellen und damit das Verhalten Betroffener und Nichtbetroffener verständlicher zu machen, war u.a. Aufgabe des von der Deutschen Forschungsgemeinschaft geförderten Projektes "Heilkultur und Krebs"[7], aus dem das im folgenden verwendete Interviewmaterial stammt und anhand dessen der Zusammenhang zwischen 'doppelbödigem Sprechen' und allgemein verfügbaren Deutungsmustern[8] aufgezeigt werden soll.

Eine Schwierigkeit, vor die sich der/die Mitarbeiter/in im Rahmen des Projekts in jedem Interview gestellt haben, bestand darin, wie sie auf die unterschiedlichen Befindensschilderungen der an Krebs erkrankten Gesprächspartner/innen eingehen sollten. So sehr wir auf das Befinden Rücksicht nehmen wollten, so problematisch war diese Absicht: Jeder Vorschlag, ein Gespräch zu verschieben oder nach einer gewissen Zeit zu beenden, konnte bei den Betroffenen Überlegungen darüber auslösen, wie wir wohl ihren Zustand beurteilen mochten. Mitunter maßen sie dann unserem vermeintlichen Urteil größere Objektivität bei als ihrem eigenen. Dennoch ließen sich Interaktionen wie die folgenden nicht vermeiden: Als ich eines Nachmittags die sei 2 Jahren brustamputierte Frau Albrecht[9] aufsuchte, um mit ihr über ihre "alltäglichen Erfahrungen und Erlebnisse seit der Operation" (so etwa hatte die Begründung meines Wunsches bei der telefonischen Kontaktaufnahme gelautet) zu spre-

chen, empfing mich Frau Albrecht an der Korridortür mit einer
wortreichen Schilderung ihres derzeit schlechten Befindens.
Ich erfuhr, daß sie schon mehrere Tage an ihrer Arbeitsstelle
hatte fehlen müssen, da ihr rechter Arm nach einer Blutvergiftung geschwollen und sie krank geschrieben sei. In Anbe-
tracht dieser Umstände und wohl auch aufgrund einer gewissen
Furcht vor dem Interview, das mein erstes mit einer persönlich
von Krebs betroffenen Person war, schlug ich vor, das Gespräch
zu verschieben. Frau Albrecht lehnte dies jedoch entschieden
ab mit der Begründung, daß sie heute, da sie nicht zur Arbeit
hatte gehen müssen, gerade viel Zeit für mich habe. Kurz nach
Beginn des Interviews, das ich auf Band aufnehmen durfte, kam
Frau Albrecht auf eine andere brustamputierte Frau zu sprechen,
von der sie mir schon während unseres Telefonats berichtet
hatte. Der damalige Bericht war in die Aussage gemündet, mich
unbedingt mit dieser Frau bekannt machen zu wollen. Im Interview nun schloß Frau Albrecht ihre Befindensdarstellung mit
einer Entschuldigung wegen des noch nicht zustandegekommenen
Kontakts. In dieser Situation, in der ich mich recht unwohl
fühlte, war mir der neue Kontakt relativ unwichtig, so daß ich
meinte, Frau Albrecht solle sich Zeit lassen. Ich fügte hinzu:
"Sie können ja dann auch nach dem Gespräch so ein bißchen beurteilen, wie Sie sich gefühlt haben." Danach ging das Interview folgendermaßen weiter:[10]

A.: Ich bin gar nicht empfindlich.
I.: (Lacht).
A.: Na ja, wie ich mich fühle,
I.: Nee, aber -
A.: wie ich mich fühle, fragt sowieso niemand, ja.
I.: Fragt niemand?
A.: Nee, weder noch -. Weder die Familie kann das verstehen,
    noch andere. Das muß man schön verschweigen, wie man sich
    fühlt. Das hören die anderen nicht gerne.

Frau Albrechts Klagen über "die anderen" - ihre erwachsenen
Kinder, ihre Mutter und Geschwister - setzten sich lange fort
und nahmen insgesamt einen breiten Raum in unserem Gespräch
ein. Als Frau Albrecht das Problem darstellte, das für sie aus
den Besuchswünschen ihrer weit entfernt wohnenden Geschwister

und ihrem eigenen Unvermögen entstehe, diese Wünsche mit Hinweis auf ihre körperliche Beeinträchtigung abzulehnen, kam es zu folgendem Dialog zwischen uns:

A.: Das macht der Arm nicht mehr mit am Steuer, nicht. Und es ist am besten, man gibt es nicht zu und sagt: 'Ah, 's ist einfach nicht geschickt', und man geht so gern ins Hotel, und lauter solche Lügen. Dann macht man das so.

I.: Und wenn Sie's jetzt offen sagen würden -...

A.: Ha, da würden...

I.: daß es Ihnen...

A.: sie sagen: 'Bist immer noch nicht gesund?'

In der Interviewsituation war mir mit Sicherheit nicht so klar wie später, daß ich mit dem Einwurf: "Und wenn Sie's jetzt offen sagen würden?" nicht nur auf das verbalisierte Thema "Geschwister besuchen" reagiert, sondern auch einen Versuch unternommen hatte, das zwischen u n s schwelende Problem m e i n e s Besuches zu lösen. Dennoch dürften wir beide meinen Lösungsversuch am stellvertretenden Gegenstand "Geschwister besuchen" vage wahrgenommen haben. Dafür spricht, daß Frau Albrecht bald danach äußerte: "Ich mein': S i e müssen's ja wissen, aber's kann niemand verstehen", während meinerseits der 'doppelte Boden' unseres Gesprächs bereits mit der vorgängigen Frage: "Fragt niemand?" indirekt thematisiert worden war. Diese Frage enthielt ja bereits einen versteckten Hinweis darauf, daß ich soeben die Befindensfrage angesprochen und darüber hinaus schon bei meiner Ankunft angeboten hatte, das Interview zu verschieben.

Daß die hier skizzierten Ereignisse durch Hinweise auf die Indexikalität des Pronomens "es" in der Frage: "Und wenn Sie's jetzt offen sagen würden?" oder auch auf die grundsätzliche Indexikalität von Sprache nicht zureichend verständlich werden, liegt auf der Hand. Dies zeigt zugleich, daß Sprechen und Sprache in der volkskundlichen Feldforschung eher die Funktion einer "Durchgangsstation"[11] haben und nicht letztendlicher Untersuchungsgegenstand sein können. Zieht man aus dieser Feststellung methodische Konsequenzen, steht man sogleich vor dem Problem der vielfachen, miteinander verwobenen Kontexte jeglichen Sprechens und der damit erzeugten Texte. Transkribierte Interviews erscheinen dann wie 'Stoffe', die aus unterschiedlichen Materialien und in immer anderen Farben, aber nach einheitlichem Verfahren, entstanden sind. Strukturen und Muster bleiben jedoch dem ersten Blick verborgen. Die in ihnen zusammengewirkten kulturellen und sozialen (und damit auch historischen) Strukturen sind jeder Interviewsituation vorgegeben und werden als diese in immer neuen Erscheinungsformen realisiert.

Auf die analytisch zu unterscheidenden Kontexte von Interviewsituationen kann hier nicht eingegangen werden.[12] Es soll der Hinweis genügen, daß im Zusammenhang eines Gesprächs über Krebs die jeweiligen biographischen Kontexte der Gesprächspartner Strukturmodifikationen vertreten. Das heißt, die lebensgeschichtlichen Krebs- und Krankheitserfahrungen und deren Verarbeitung spielen im Ensemble der Strukturaspekte wahrscheinlich eine dominante Rolle; die den übergreifenden soziokulturellen Kontext vertretenden kollektiven Erfahrungszusammenhänge dürften nur durch den Filter der lebensgeschichtlichen Verarbeitunssedimente zum Ausdruck kommen. Situationstranszendierende Aussagen über Interviewinhalte und -verläufe beziehen dennoch ihre Legitimation aus der gemeinsamen Teilhabe beider Interviewpartner/innen am übergreifenden kulturellen Kontext, innerhalb dessen ja auch die lebensgeschichtliche Erfahrungsproduktion und -verarbeitung erfolgt.

Auch im Gespräch zwischen Frau Albrecht und mir wurden Strukturmomente aus unterschiedlichen Kontexten realisiert. Unter Beschränkung auf einen Aspekt soll dies am gegebenen Beispiel dargestellt werden, wobei Informationen über das Geschehen v o r Beginn des Interviews als Teil des situativen Kontextes nachzutragen sind.

Als wir nach der Begrüßung und Frau Albrechts Befindenschilderung das Wohnzimmer betraten, lag über dem Sessel, der mir als Sitz angeboten wurde, ein halb fertig genähtes, langes Kleid ausgebreitet. Frau Albrecht entschuldigte sich, daß dieses "Ballkleid" noch herumliege, sie habe jedoch bis gestern abend zusammen mit ihrer Mutter daran genäht. Während sie es aufnahm, fragte sie mich, wie es mir gefalle und forderte mich auf, den Schnitt und die "richtig sauberen Nähte" zu begutachten. Meine erst kürzlich fehlgeschlagenen Nähversuche erinnernd, bewunderte ich das Nähwerk aufrichtig, worüber sich Frau Albrecht offenbar sehr freute. Während sie mir zeigte, wieviel an dem Kleid noch zu nähen war, wurde ich immer unsicherer, weil ich irgendeine besondere Bedeutung unseres Sprechens über diesen Gegenstand ahnte, sie aber nicht identifizieren konnte. Plötzlich fiel mir auf, daß mich die Frage beschäftigte, für wen wohl Frau Albrecht das Ballkleid nähe. Zunächst meinte ich vernommen zu haben, für sich selbst; inzwischen hatte sie aber ihre erwachsene Tochter erwähnt, und nun schien es mir wahrscheinlicher, daß das Kleid für diese bestimmt sei. Schließlich fragte ich spontan: "Wessen Ballkleid is'n das eigentlich?", und Frau Albrecht erwiderte energisch: "Na, meins, meins natürlich." Trotz der leichten Entrüstung, die ich im Tonfall bemerkt hatte, fragte ich weiter: "Ach -, Sie selber gehen auf einen Ball?" "Ja, i c h , i c h gehe auf den Abschlußball von meiner Tanzstunde" lautete hierauf die Antwort. Ich fühlte mich daraufhin beschämt, denn mir war klar geworden, daß ich meiner Gesprächspartnerin nicht zugetraut hatte, auf einen Ball zu gehen, und daß sie dies verstanden hatte.

Für mein Verhalten gibt es mehrere Erklärungen, die insgesamt eine gewisse Gültigkeit haben; vor allem aber scheint es mir auf folgenden Umstand zurückzuführen zu sein: Vorreflexiv war ich wohl geleitet von einer Einstellung, die wir Projektmitarbeiter überwunden zu haben glaubten, die wir nur noch bei "den anderen" vermuteten und deren Bedingungszusammenhänge zu ergründen wir ja ins Forschungsfeld ausgezogen waren. Es ist dies die Einstellung gegenüber Karzinompatienten, daß sie nach der Operation bzw. Behandlung immer noch Kranke seien und aufgrund deren ihnen dann die Fähigkeit zum alltäglichen Lebensvollzug oder zu lustvollen Erlebnissen abgesprochen wird. Dahinter ist sicherlich die bereits erwähnte Vorstellung von Krebs als einem Todesurteil wirksam. Bei mir mochte Frau Albrechts Bericht über ihre Blutvergiftung die überholt gewähnte Vorstellung wieder aktiviert haben. Aber auch Frau Albrecht

mußte diese Vorstellung zumindest vorreflexiv zugänglich sein:
Alle von Krebs Betroffenen sind gleichzeitig ehemals Unbetrof-
fene und haben immer noch teil auch an den Komponenten des in
unserer Kultur kollektiv verfügbaren 'Wissens' über Krebs, die
sie als nun Betroffene besonders stark bedrohen. Die spätere
Projektarbeit hat gezeigt, daß sich Erkrankte gerade von der
Vorstellung, daß Krebs ein Todesurteil sei, freizumachen suchen oder ihr 'entgegen zu leben' trachten. So erwies sich
dann ein tatsächlicher oder auch nur antipizierter oder von
der sozialen Umgebung den Patienten zugeschriebener Leistungs-
verlust als durchgängiges Problem im Alltag der Betroffenen,
die wir befragten.[13] Durch das Interview mit Frau Albrecht zog
sich wie ein roter Faden das Sprechen über Tätigkeiten, die
sie heute nicht mehr vollbringen kann, vor allem aber ihre
Furcht, daß dies bemerkt werde. Sie sagte, daß sie sich unter
dem Leistungsaspekt sehr genau beobachte und sich stets "mit
früher" vergleiche. Vor allem quäle es sie, ständig vor Situationen fliehen zu müssen, in denen sie überfordert werde,
damit andere dies nicht merkten. Denn:

A.: Ich bring' es nicht fertig, zu sagen: 'Das kann ich nicht.'
    Das Wort gibt's bei mir nicht. - Das hab' ich mir nicht
    angewöhnen können. Früher hab' ich's nicht gebraucht, und
    jetzt hätt' ich's nötig, und jetzt kann ich's nicht sagen.

Bei Kuraufenthalten fühlt sich Frau Albrecht noch am wohlsten,
weil sie dort zu den Jüngsten und Leistungsfähigsten zählt:

A.: Unter all den Kranken bin ich noch die Fitteste, gell,
    kann also leben - wie 'ne Gesunde dort. Kein Mensch sagt
    ein mieses Wort zu mir; also das Wort: 'Du kannst nicht'
    kommt da gar nicht vor.

Hier wird deutlich, daß Frau Albrecht die Feststellung, sie
könne etwas nicht, als "mies", d.h. wohl als böses "Wort"
empfindet. Mein bei der Begrüßung gemachter Vorschlag, das
Interview zu verschieben, dürfte nun aber gerade die Konnotation "Du kannst nicht" oder zumindest "Du kannst heute
nicht" gehabt haben und von Frau Albrecht als solch ein "mie-
ses Wort" wahrgenommen worden sein, dem sie etwas entgegen-
setzen mußte. Diese Funktion hatte das Vorzeigen des Ballklei-

des, eines Ergebnisses stundenlangen Nähens und unvermindert
verbliebener spezifischer Fertigkeiten, über die die gesunde
Interviewerin nicht verfügte. Damit wurden bereits vor Beginn
des Interviews die sozialen Rollen 'ausgehandelt': Frau Albrecht machte deutlich, daß sie die Krankenrolle[14] nicht nur
nicht beanspruchte, sondern geradezu zurückwies und daß es
deshalb für mich auch keine Komplementärrolle der über alle
nur denkbaren Fähigkeiten verfügenden Gesunden geben konnte.
'Ausgehandelt' wurde damit auch, welche Themen und Inhalte in
welcher Form in der Situation erscheinen durften und welche
nicht. Aufgrund einer entsprechenden Wahrnehmung verzichtete
ich dann wohl darauf, Frau Albrechts aktuelles Befinden im
Interview nochmals direkt anzusprechen und begnügte mich damit, ihre Aussage anzuzweifeln, daß niemand frage, wie sie
sich fühle. Erst nachdem ich auf die Verhaltensalternative,
"es" offen zu sagen, indirekt hingewiesen hatte, gab Frau
Albrecht ebenso indirekt zu verstehen, daß sie zwar über Situationen sprechen kann, in denen sie nicht fähig ist, bestimmte Dinge zu tun, daß sie aber darüber nicht sprechen kann,
wenn sie i n diesen Situationen steckt.

Während sich unter Rekurs auf den situativen Kontext das Pro-
nomen "Es" in meiner Frage "Und wenn Sie's nun offen sagen
würden?" ersetzen läßt durch "Ich kann nicht"[15], müssen zum
Verständnis, w a r u m dies Frau Albrecht nicht sagen kann,
weitere Kontexte herangezogen werden: Als noch vor kurzem an
Krebs Erkrankte zu sagen: "Ich kann nicht" bedeutet in Frau
Albrechts Erlebensperspektive, einer wie auch immer modifi-
zierten Vorstellung, daß es bei Krebs "aus" sei, Raum zu geben.
Diese gilt es aber bei den Gesunden ebenso zu bekämpfen wie
bei sich selbst. Es ist vollkommen verständlich und der Krank-
heitsüberwindung sicherlich angemessen, daß Bewältigungsstra-
tegien in diese Richtung zielen. So entfaltet das "miese
Wort": "Du kannst nicht" sein volles Potential an Bedrohlich-
keit nur innerhalb dieses Synopse von biographischem Kontext
und interpersonellem, situationsübergreifenden Strukturaspekt.
So wenig eine Analyse der sprachlichen Formen allein diese Zusammenhänge aufdecken kann, so evident ist, daß Verstehen mehr
umfaßt als das, was explizit in sprachlichen Formen erscheint.[16]

Dieses weitergehende Meinen und Verstehen bleibt auf den weiteren Gesprächsverlauf nicht ohne Einfluß.

'Doppelbödiges Sprechen' im narrativen Interview kann als Verständigung bzw. Verständigungsversuch auf verschiedenen Bewußtseinsebenen beschrieben werden. Obgleich die zweite Ebene nur indirekt in Form sprachlicher Realisationen präsent ist, die auch ohne den 'doppelten Boden' des Mitgemeinten zu verstehen sind, zeigen doch sprachliche und nichtsprachliche Verhaltensreaktionen ihre Existenz an. Funktional betrachtet dürfte das 'doppelbödige Sprechen' im vorliegenden Fall ein Widerstandssignal gewesen sein. Der Widerstand dagegen, das Mitgemeinte direkt zu verbalisieren, mag die Gesprächspartnerinnen davor bewahrt haben, in psychische Gefahrensituationen zu geraten, die nicht mehr handhabbar gewesen wären.[17] Stärker vielleicht noch als das gegebene Beispiel spricht für diese Funktion, daß auch die Themen "Sterben" und "Tod" von Frau Albrecht und mir nur in Form des Sprechens über Sterben und Tod a n d e r e r Personen zugelassen wurden, nicht jedoch als Sprechen über die Bedrohung, die wir selbst empfanden und schon gar nicht als Sprechen über die Bedrohung, die von Frau Albrechts Erkrankung ausging.

Unter methodischem Aspekt ist 'doppelbödiges Sprechen" insofern von besonderer Bedeutung, als es etwas über die Relevanzstrukturen der Gesprächspartner/innen aussagt. Hier sei die These vertreten, daß Probleme ü b e r die in der Befragung gesprochen wird und die gleichzeitig auf der u n - m i t t e l b a r e n Handlungsebene erscheinen, einen großen Stellenwert im situationsübergreifenden Umgang der Beteiligten mit dem thematisierten Realitätsausschnitt haben.[18]

Je stärker sich das Fach Volkskunde problemorienterter Alltagskulturforschung zuwendet und Umgang mit sprachlichem Material nicht ausschließlich als Textanalyse begreift, desto eher ist es auch mit heiklen Themen des Alltags und mit 'doppelbödigem Sprechen' konfrontiert. Besondere Probleme entstehen in der Feldforschung nicht zuletzt dadurch, daß die Forschenden am situativen Geschehen und an der Textproduktion beteiligt sind, sich somit selbst zum Forschungsobjekt werden müssen. Daraus erwächst dem Fach eine neue methodische Herausforderung.[19]

ANMERKUNGEN

1. Zur Definition und Anwendung des "narrativen Interviews"
   s. Fritz Schütze: Zur Hervorlockung und Analyse von Erzählungen thematisch relevanter Geschichten im Rahmen sozio-
   logischer Feldforschung. In: Arbeitsgruppe Bielefelder Soziologen: Kommunikative Sozialforschung. München 1976, S.
   159-260; ders.: Die Technik des narrativen Interviews in
   Interaktionsfeldstudien - dargestellt an einem Projekt zur
   Erforschung von kommunalen Machtstrukturen. Bielefeld 1977.
   Zur Kritik am narrativen Interview vgl. Andreas Witzel:
   Verfahren der qualitativen Sozialforschung. Überblick und
   Alternativen. Frankfurt/New York 1982, v.a. S. 47-50, 53f.

2. Vgl. Jutta Dornheim: Krebsbilder und ihre soziokulturellen
   Determinanten. In: Matthias C. Bettex (Hg.): Umgang mit
   Krebs als Realität und Metapher. Ergebnisbericht der 5.
   Jahrestagung des "Arbeitskreises Psychoonkologie" Oberwesel
   1983. München 1984, S. 32-47; Hürny, Christoph/Adler, Rolf:
   Psychoonkologische Forschung. In: Fritz Meerwein: Einführung in die Psycho-Onkologie. Bern/Stuttgart/Wien 1981, S.
   13-63; Klaus Jonasch: Der Krebskranke und sein Arzt im
   Spannungsfeld medizinischer und paramedizinischer Behand-
   lungsmethoden - aus der Sicht des "Arztes und Psychoana-
   lytikers". In: Der Kassenarzt 10/1983, S. 53-56; Neumann,
   Gerhard: Das Problem Krebserkrankung in der Vorstellung
   der Bevölkerung. Stuttgart 1969; Dietrich Schmähl: Vorstellungen über die Krebskrankheit. Laienzuschriften aus
   den Jahren 1977-79. In: Deutsche Medizin. Wochenschrift
   106/1981, Nr. 8, S. 246-248.

3. Hans Becker: Das Mammakarzinom aus psychosomatischer Sicht.
   Habilitationsschrift Universität Heidelberg, 1982; Hans
   Braun/Bert Hardin: Krebserkrankung und psychosoziale Be-
   lastung. Eine Analyse von Gesprächen mit Teilnehmerinnen
   an einem Programm der Nachsorgeuntersuchung. In: Medizin
   Mensch Gesellschaft Jg.4/1979, H.1, S. 40-45; Jutta Dorn-
   heim: Kranksein im dörflichen Alltag. - Soziokulturelle
   Aspekte des Umgangs mit Krebs. Tübingen 1983.

4. Vgl. z.B. Anne-Marie Tausch: Gespräche gegen die Angst. Krankheit - ein Weg zum Leben. Reinbek 1981.

5. Vgl. z.B. Annelies Ginter: Krebs - Tabu - Krankheit. Eine Sendung des Süddeutschen Rundfunks vom 3. Mai 1980. In: Blätter der Wohlfahrtspflege 11/80, S. 285-287.

6. In Interviews im Rahmen des am Ludwig-Uhland-Institut in Tübingen durchgeführten Projekts (vgl. Anm. 7) kamen z.B. Rückzug und Selbstisolation Erkrankter durch nicht erkrankte Interviewpartner zur Sprache.

7. Der vollständige Titel lautete: Heilkultur und Krebs - Untersuchung kultureller Determinanten und sozialer Bedeutungen von Krankheitsbildern. Das Projekt wurde von Jan. 1981 bis März 1984 unter der Leitung von Prof. Dr. Hermann Bausinger durchgeführt.

8. Zur Analyse des ganzen Interviews unter dem umfassenderen Aspekt divergenter Erfahrungsproduktion und -aneignung auf der Basis des von Utz Maas entfalteten Sprachbegriffs s. Jutta Dornheim: "Ich kann nicht sagen: Das kann ich nicht". Inkongruente Erfahrungen in heiklen Feldsituationen. In: Utz Jeggle (Hg.), 1984 (wie Anm. 19), S. 129-157. Zum Sprachbegriff vgl. Utz Maas: Kann man Sprache lehren? Für eine andere Sprachwissenschaft. 2. Aufl. Frankfurt/M. 1979.

9. Dieser Name ist nicht identisch mit dem tatsächlichen Namen der Befragten.

10. Verwendete Transkriptionszeichen

-	= kurze Pause
- -	= längere Pause
... nach einem Wort	= Unterbrechung durch die andere Sprecherin

11. S. Hermann Bausinger in diesem Band.

12. S. dazu Hermann Bausinger: On Contexts. In: Nikolai Burlakoff/Carl Lindahl (Hg.): Folklore on Two Continents. Essays in Honor of Linda Dégh. Bloomington 1980, S. 273-279.

13. Das Problem wurde häufiger von zu Hause lebenden Patienten geschildert als von denen, die sich in der Klinik aufhielten.

89

14. Zur medizinsoziologischen Definition der Krankenrolle s.
    Talcott Parsons: Definition von Gesundheit und Krankheit
    im Lichte der Wertbegriffe und der sozialen Struktur Ame-
    rikas. In: Alexander Mitscherlich/Tobias Brocher u.a.
    (Hg.): Der Kranke in der modernen Gesellschaft. 2. Aufl.
    Köln/Berlin 1969, S. 57-87.

15. Im dargestellten Zusammenhang zeigt die Frage: "Und wenn
    Sie's nun offen sagen würden?", ein wie "schweres Wort"
    gerade ein Pronomen sein kann. "Es" weist zugleich darauf
    hin, daß nicht Wörter an sich "schwer" (verstehbar) sind,
    sondern Wörter (und Sätze) in Situationen. Hermann Bausin-
    ger meint, daß dies in gewissem Maße selbst noch für zun-
    genbrecherische Wortungetüme medizinischer und anderer
    Provenienz gilt, wenn man "Verständnis" nicht mit "einer
    völligen Entblößung des Wortsinns" verwechselt. Vgl. Her-
    mann Bausinger: 'Mehrsprachigkeit' in Alltagssituationen.
    In: Wortschatz und Verständigungsprobleme. Jahrbuch 1982
    des Instituts für deutsche Sprache. Düsseldorf, S. 17-33;
    23f.

16. Vgl. Hans Hörmann: Meinen und Verstehen. Grundzüge einer
    psychologischen Semantik. Frankfurt/M. 1976, S. 314.

17. Die Argumentation folgt hier der Entfaltung eines psycho-
    analytisch begründeten, verstehenden Untersuchungsan-
    satzes in: Klaus Horn/Christel Beier/Doris Kraft-Krumm:
    Gesundheitsverhalten und Krankheitsgewinn. Zur Logik von
    Widerständen gegen gesundheitliche Aufklärung. Opladen
    1984, S. 31f.

18. Den "Bezug vom Reden aufs Handeln" im offenen Interview
    erörtert Martin Kohli: "Offenes" und "geschlossenes" In-
    terview: Neue Argumente zu einer alten Kontroverse. In:
    Soziale Welt Jg. 29/1978, H.1, S. 1-25, S. 14.

19. Mit dieser setzen sich z.B. auseinander die Beiträge in:
    Utz Jeggle (Hg.): Feldforschung. Qualitative Methoden
    in der Kulturanalyse. Tübingen 1984.

Franz Januschek

Redensarten und Sprüche der "Jugendsprache": Was besagen sie wirklich?

Redewendungen (oder auch "Redensarten") sind sicher ein traditionell gemeinsamer Gegenstand von Philologie und Volkskunde. Davon zeugt nicht nur die empirische Sprichwortforschung, die sich nie mit der Beschreibung der sprachlichen Formen und ihrer "Bedeutung" zufrieden gegeben hat, sondern auch die Beliebtheit populärwissenschaftlicher Kompendien über die "deutschen Redensarten, und was dahinter steckt" (so der Titel eines dieser Werke, der schon das volkskundliche Interesse der philologischen Sammelarbeit andeutet). Dennoch hat diese Form der Befassung mit Redewendungen etwas Altväterliches, Sprachpflegerisches an sich.

Aber es gibt eine sozusagen "moderne" Transformation dieses Interesses: die Untersuchung von "Jugend-" oder "Scene-"Sprache. Die Sprache jugendlicher Subkulturen (verschiedenster Art) scheint sich durch besondere Kreativität in der Erfindung nicht nur neuartiger Metaphern, sondern auch neuer "Sprüche" und Wendungen auszuzeichnen. Und dies ist durchaus nicht nur Gegenstand mehr oder weniger nörgelnder Zeitungsglossen, sondern zunehmend auch wissenschaftlicher Sprachreflexion - wie sich an einer Reihe von Publikationen der letzten Jahre zeigt (für ein gutes Beispiel vgl. Lang 1980). Ich möchte im folgenden die These vertreten, daß dieses Herangehen an Jugendsprache 1. den Gegenstand verfehlt, 2. eher schädlich als nützlich ist und 3. mehr über die Untersuchenden als über die Untersuchten aussagt.

Den Hintergrund für das Interesse an den Sprüchen Jugendlicher bildet die Auffassung, daß sich in Redewendungen (oder allgemeiner: Phraseologismen - hier folge ich der Terminologie von Burger u.a.) kulturelle Zusammenhänge und Erfahrungen niederschlagen. Die Redewendungen bei jdm. ins Fettnäpfchen treten bedeutet demnach nicht nur soviel wie "etwas tun, was jemand anderen unbeabsichtigterweise verärgert, so daß es einem nachher peinlich ist", sondern sie zeigt eben auch, daß irgendwann einmal Fettnäpfchen in der Kultur unserer Vorfahren

eine wichtige Rolle gespielt haben; und ebenso scheint etwa
die Wendung der hat ja wohl 'n Rad ab nicht nur zu bedeuten
"der ist ja wohl verrückt", sondern auch zu zeigen, daß für
die Verwender dieses Spruchs die Räder an Maschinen eine wichtige kulturelle Funktion haben. (Schwieriger wird es allerdings schon bei Wendungen wie die Sau rauslassen für: "seine
Gefühle ungehindert zum Ausdruck kommen lassen". Ob dieser
Spruch wohl ein kulturelles Produkt der Viehwirtschaft ist?)
Wenn dem so ist, so liegt es nahe, über die Analyse derartiger Sprüche einen Zugang zur Kultur und Lebenswelt von Jugendlichen (o.ä.) zu suchen. In der Tat besteht ein wichtiger
Teil der berühmt gewordenen "Shell-Jugendstudie" von 1981 aus
der Analyse von gesammelten Sprüchen Jugendlicher, anhand deren "Einstellungsskalen zu zentralen Themen und Orientierungen jugendlicher Alltagskultur" entwickelt werden (Zinnecker,
431). Charakteristisch für diese Herangehensweise ist die
Fragestellung, ob die Besonderheiten dieser jugendlichen oder
"alternativen" Sprüche-Kultur auf Defizite hinsichtlich der
rationalen Bewältigung der Realität hindeuten oder ob sie
nicht vielmehr diesbezügliche Differenzen zur herrschenden
Kultur zum Ausdruck bringen, und zwar auf kreative Weise zum
Ausdruck bringen:

> Pädagogisch motivierte Sprachanalysen geraten,
> auch wenn sie in guter Absicht und nicht unbe-
> gründet unternommen werden, leicht in den Sog
> diskriminierender Abwertung jugendlicher Alters-
> kultur. Wir möchten demgegenüber den ästheti-
> schen Reiz und das sprachschöpferische Niveau
> hervorheben, das sich im Altersdialekt aus-
> drückt. (Zinnecker, ebd.)

(E.W.B. Hess-Lüttich hat mich darauf aufmerksam gemacht, daß
er zu dieser Frage Einschlägiges veröffentlicht hat, in: ders:
Kommunikation als ästhetisches 'Problem', Tübingen 1984. Leider
war das Buch im Frühjahr 1985 noch nicht erhältlich.)

Die sprachliche Kreativität ist ein Punkt, der uns Linguisten
von jeher besonders fasziniert hat und der, wie es scheint,
sich bei subkulturellen "Sprücheklopfern" endlich einmal

sozusagen in actu studieren läßt: Wo entstehen die neuen Wendungen, wer prägt sie, wer verbreitet sie weiter, und welche Bedingungen liegen diesem Prozeß zugrunde? So veranstaltete vor nicht allzu langer Zeit die Gesellschaft für deutsche Sprache einen Wettbewerb zur Erforschung des Ursprungs der Wendung alles palletti. An diesem Wettbewerb beteiligten sich Hunderte mehr oder weniger professioneller Sprachforscher; Rundfunk und Presse berichteten darüber. Jedoch: der Wettbewerb scheiterte; der Ursprung von alles palletti wurde nicht aufgehellt, und zwar nicht deshalb, weil es zu wenige, sondern weil es zu viele Erklärungen gab: Zuviele Leute behaupteten, bei der Erstverwendung dieser Formulierung zugegen gewesen zu sein - leider jede/r anderswo.

Frankfurter Rundschau, 23.7.1984

Nix palletti . . .

Sprachforscher kapitulieren | Wettbewerb beendet

WIESBADEN. Linguisten und Hobby-Sprachforscher haben bei der Suche nach den Ursprüngen der bei Jugendlichen populären Formulierung „alles palletti" kapituliert. Auch mit Hilfe eines im Februar bundesweit ausgeschriebenen Wettbewerbs ist die Gesellschaft für deutsche Sprache (GfdS) in Wiesbaden der Lösung des Problems nicht auf die Spur gekommen. Bedeutet der Begriff auch soviel wie „alles klar" oder „alles in Ordnung", so muß nun Helmut Walther von der GfdS doch resigniert feststellen: „Nix palletti".

Die mehr als 200 Wettbewerbsteilnehmer hätten zwar rund 50 verschiedene Ursprünge des auch im Duden als ungeklärt bezeichneten Begriffes genannt, „konnten jedoch hierfür keine wissenschaftlich nachprüfbaren Belege geben", berichtete Walther in Wiesbaden. Am häufigsten wurde die Palette in ihren verschiedenen Formen von der Transportpalette bis zur Farbpalette des Malers angeführt. So wußten die Einsender, darunter Professoren, Lehrer und Hausfrauen, eine leere Palette bedeute, daß alles glatt gegangen sei.

Auch die Palettenkriminalität wurde angeführt, bei der sich Lastwagenfahrer mit dem illegalen Verkauf von Europaletten auf einsamen Parkplätzen eine lukratives Zubrot verschafften: „Alles palletti" als Zeichen der Zufriedenheit, daß der Coup gelungen ist. Aber auch mögliche Namensgeber sind ausfindig gemacht worden, so ein Gastarbeiter Antonio Palletti, die Jeansfirma Paletti, der General Paletto oder Oberschichtmeister Pavietta.

Einige der Einsender wollten gar Zeugen der Geburt des Modewortes gewesen sein. Wie jener Lagerarbeiter Emil Schulze aus Herne in Westfalen, der 1974 von einem italienischen Kollegen mit den Worten „Kollegen! Habt ihr Palette?" um neues Arbeitsmaterial gefragt worden sein soll. Arbeiter Schulze habe daraufhin als gebürtiger Berliner sprachhistorisch geantwortet: „Watt? Ja, ja! Ullet paletti!"

Aber Walther widerspricht auch dieser Anekdote: „Der Zeitraum, in dem der Begriff entstanden sein soll, reicht nach den Einsendungen vom Ende der 40er Jahre bis in dieses Jahrzehnt. Wir nehmen an, daß ,alles palletti' ein Kind der 50er Jahre ist." Auf der Suche nach der Vaterschaft erhielt die GfdS auch Hinweise auf glitzernde Pailletten bezogen / „alles pa(i)lletti" also.

Den Vogel aber schoß eine Mitstreiterin ab, die in „alles palletti" eine Abkürzung vermutet, die auf einer Party entstanden sein soll. Nach dieser Theorie hat der Gastgeber gedacht: „Prima Leute, alle nett" und daraus die passenden Worte für „alles palletti" herausgezogen. Den Sprachforschern hat jedoch auch dieser Vorschlag nicht weitergeholfen — sie behalten diesmal den Wettbewerbspreis.   lhe

Das Scheitern dieses Wettbewerbs ist symptomatisch: Das durch
die geschilderte Herangehensweise grob umrissene Untersuchungs-
programm zu den Sprüchen jugendlicher und anderer Subkulturen
muß insgesamt scheitern, und zwar mindestens aus den folgenden Gründen:

1. Jene "auffälligen" (in Wirklichkeit aber wohl hauptsächlich
   Außenstehenden auffallenden) Wendungen sind für "die Sprache
   Jugendlicher" nicht im entferntesten so wesentlich, wie man
   sich gerne vorstellt. "Geballte" Äußerungssequenzen wie:

   > Klar hab ich effektiv nichts mehr gemacht. Weil,
   > ich kam mir eben unheimlich beschissen vor. Da
   > hab ich mich in der Schule echt hängen lassen.
   > Bin eben ausgeklinkt und hab' danach den vollen
   > Zusammenbruch gehabt. Logisch hab' ich die Schu-
   > le geschmissen. Und jetzt, jetzt hab' ich halt
   > keinen Bock mehr auf das Ganze! (Eike Christian
   > Hirsch: Voll abgefahren. Deutsch für Besserwisser,
   > in: Stern Nr. 11/1979)

   sind Phantasieprodukte, die in der Realität so gut wie nicht
   vorkommen. Gabi Willenberg hat z.B. bei einer Untersuchung
   zum Sprachverhalten einer Essener Peer-group herausgefunden,
   daß nur "durchschnittlich alle 2 3/4 Minuten ein nicht-ge-
   meinsprachlicher bzw. ein von der gemeinsprachlichen Bedeutung abweichend benutzter Ausdruck verwendet wird" (Willenberg, 374).

   Aber nicht nur ihre relative Seltenheit im wirklichen Gespräch relativiert die Bedeutung kreativer Phraseologismen
   für die Sprachpraxis Jugendlicher, sondern vor allem die
   Tatsache, daß sie dort, wo sie überhaupt gebraucht werden,
   in aller Regel nicht bewußt im metaphorischen oder idioma-
   tischen Sinne verstanden werden:

   > (Aus einer verdeckten Aufnahme dreier Osnabrücker
   > Studentinnen 1983:)
   > 2 Polizisten in der Fußgängerzone werden von Ju-
   > gendlichen beobachtet.
   > A: Kennst du den nich?
   > B: Nee, hähä.

A: Der hat dir doch vorhin die Mark abgenommen,
   wo ich 'n frisierten Bock hatte.
B: Ja?
A: Bei uns vor der Schule, der is dat.

Es wäre offenkundig unsinnig, bei der Interpretation dieses Gesprächsausschnitts einen Gedanken darauf zu verwenden,
inwiefern die wörtliche Bedeutung von "die Mark abnehmen"
und "frisierter Bock" etwas mit dem in dieser Situation Ge-
meinten und Verstandenen zu tun habe. Der gemeinte Sinn ist
für die Beteiligten durchsichtig und dominiert völlig die
"wörtliche" Bedeutung, die sich erst dem außenstehenden Be-
obachter als solche darstellt. Wenn man verstehen will, warum hier "die Mark abnehmen" und nicht "Verwarnungsgeld
kassieren" gesagt wurde, so muß man nach den vorangegange-
nen Praxiszusammenhängen fragen, in denen diese Wendungen
gebraucht wurden, nicht nach der im Sprachsystem veranker-
ten "wörtlichen" Bedeutung (vgl. zum hier einschlägigen
Begriff "Konnotation" Maas 1985, mit Einschränkungen auch
Lang 1980). Aber in dieser Hinsicht unterscheidet sich die
Interpretation subkultureller Wendungen nicht von derjeni-
gen gemeinsprachlicher Ausdrücke. Die "Bildlichkeit" der
jugendsprachlichen Wendungen existiert für die je Beteiligten in der Regel nicht.

2. Man könnte allerdings dagegen argumentieren, daß gerade die
Unbewußtheit des Gebrauchs von Phraseologismen zeige, wie
sehr die so redenden Menschen unterschwellig durch die in
den Wendungen festgehaltenen kulturellen Elemente geprägt
seien. Diese Auffassung ist - wie sich zeigen läßt - mit
der These verknüpft, daß Phraseologismen stereotype, fixier-
te Wendungen sind, deren einzelne Lexeme nicht beliebig
durch Synonyme ersetzt werden, die nicht allen normalen
syntaktischen Transformationen unterzogen werden usw. Dies
ist in der Tat die ziemlich allgemein akzeptierte linguistische Charakterisierung von Phraseologismen (vgl. z.B.
Burger u.a., Coulmas). Demnach gilt es als Regelverstoß,
einen Satz wie:

Es war m.E. ein Fehler, daß er die Flinte ins

Korn geworfen hatte.

etwa so zu paraphrasieren:

Sein ins Getreide geschmissenes Gewehr bedeutete
in meinen Augen einen Fehler.

Aber ist so etwas wirklich bloß ein Regelverstoß? Ein ande-
res Beispiel: Florian Coulmas (1982, 20) führt die folgende
Wendung als ungrammatisch auf, sofern sie im Sinne von Viel
Glück! verstanden werden soll:

Viel Schwein!

Vgl. dazu den folgenden Zeitungsausschnitt von Ende 1984:

Viel „Schwein"
im neuen Jahr wünscht
Ihnen Ihr Wochenblatt!

(Vgl. ähnlich auch die Überschrift "Nix palletti" in dem
oben dokumentierten Zeitungsausschnitt.)

Zwar handelt es sich hier in der Tat um einen Regelverstoß,
was nicht zuletzt auch daran deutlich wird, daß die Zei-
tungsformulierung in Anführungszeichen gesetzt wurde. Aber
es handelt sich um einen intentionalen, bedeutungsvollen
Regelverstoß: Die Person in der Redaktion, die den Text
formulierte, hat sich mehr oder weniger bewußt von den gän-
gigen Phraseologismen Viel Glück und Schwein haben abge-
setzt. - Dergleichen ist nun kein Einzelfall. Vielmehr kann
man sagen, daß diese Art von Sprachbewußtheit geradezu ein
Charakteristikum für den Gebrauch von Phraseologismen ist.
Die psycholinguistischen Untersuchungen von Annelies Buho-
fer (5. Kap. in Burger u.a.) zeigen, daß Phraseologismen
viel häufiger in verkürzter, kontaminierter oder anderwei-
tig abgewandelter Form gebraucht werden, als nach der

Festigkeits-These zu erwarten, und daß dies in vielen Fällen erkennbar bewußt so geschieht. D.h. bei einer erheblichen Anzahl der tatsächlichen Verwendungen von Phraseologismen wird weder bewußt noch unbewußt deren wörtliche Bedeutung auf das konkret Gemeinte übertragen, es findet vielmehr eine bewußte Distanzierung von dieser wörtlichen Bedeutung statt.

3. Den kreativen Akt der Erfindung eines Phraseologismus, den man anhand der "Jugendsprache" aufspüren zu können meint, gibt es nicht. Dies folgt aus der empirisch abzusichernden Tatsache, daß sich weder nicht-trivial notwendige noch hinreichende formale oder semantische Kriterien dafür angeben lassen, daß eine Formulierung ein Phraseologismus ist. Notwendige deshalb nicht, weil es Phraseologismen gibt, die (außer daß sie relativ kurze deutsche Formulierungen sind) keinerlei Eigenschaften haben, die sie mit auch nur der Mehrzahl aller Phraseologismen teilen, wie z.B. phraseologische Vergleiche:

> etwas ist klar wie Kloßbrühe
> jmd. macht ein Gesicht wie drei Tage Regenwetter

Hinreichende Kriterien deshalb nicht, weil man dann nur diese Kriterien zu kennen bräuchte, um so gleich jederzeit beliebig viele Phraseologismen neu erfinden zu können, oder schärfer formuliert: weil es dann einen Algorithmus gäbe, der sämtliche bislang noch niemals geäußerten Phraseologismen sofort konstruieren könnte - eine offenkundige Absurdität. Was eine Formulierung zum Phraseologismus macht, ist allein die Tatsache, daß sie häufiger in immer der gleichen Form wiederholt wird und daß dies den Sprechenden bewußt wird. (Diese These wird ausführlicher begründet in Januschek (in Vorber.).)

Wenn es keine Eigenschaft von Wortverbindungen gibt, die - unabhängig von deren Festigkeit im allgemeinen Gebrauch - als hinreichendes oder auch nur notwendiges Kriterium für die Eigenschaft zählen kann, Phraseologismus zu sein, so kann man einer beliebigen neuen Wortverbindung - und sei sie noch so "kreativ" - auch nicht ansehen, ob sie einmal

zur "stehenden" Wendung werden wird. Und daraus folgt weiterhin, daß, was immer je zum Phraseologismus geworden ist,
nicht als Phraseologismus einmal geprägt wurde.

Selbst wenn es uns wirklich gelänge, eine Redewendung oder
einen Spruch aus der jugendlichen oder einer anderen Sub-
kultur (wie die Sau rauslassen) historisch bis zu der Situation zurückzuverfolgen, wo er zum ersten Mal in dieser
Form geäußert wurde, so würden wir feststellen, daß diese
"Erstverwendung" sich kaum vom normalen Sprachgebrauch unterschied, daß diese Wendung in dieser Situation nicht un-
gewöhnlicher war als viele anderen dort geäußerten Ausdrücke und Wendungen auch, die einem/r Beteiligten - je
nach Sprachbewußtheit - auch als mehr oder weniger meta-
phorisch oder idiomatisch hätten erscheinen können. Die
Entstehung sub- oder jugendkultureller Phraseologismen hat
also gar nichts mit individueller Kreativität zu tun - obwohl natürlich nicht auszuschließen ist, daß es subkulturelle "Sprücheklopfer" gibt und daß eines von deren Produkten
auch mal zum Phraseologismus wird.

Damit stellt sich nun die Frage, was - abgesehen von fremd-
sprachendidaktischen Zwecken - überhaupt der Sinn der Untersuchung von subkulturellen "Sprüchen" - und allgemeiner: von
Phraseologismen überhaupt - sein kann. Ich lasse dahinge-
stellt, ob und inwieweit sich Phraseologismen als solche
durch das Merkmal ihrer formalen Festigkeit definieren lassen
- in jedem Fall wird man hier mit verschiedenen Graden und
historischen Schwankungen der Festigkeit rechnen müssen (vgl.
Coulmas). Ausgehend von der Tatsache, daß Phraseologismen ein
geradezu exemplarischer Gegenstand für das intentionale Durchbrechen von Regeln sind (vgl. oben), erscheint es aber günsti-
ger, sie als Einheiten der Sprachbewußtheit zu explizieren,
also als Formulierungen, die uns als "feste Wendungen" bewußt geworden sind. Der Fall des "gedankenlosen", automati-
sierten Wiederholens geläufiger Formulierungen, bei dem kei-
nem/r Beteiligten bewußt wird, daß es sich um eine solche
geläufige Wendung handelt, wird damit als uninteressant ausgeschlossen: Wenn man den kulturellen oder Erfahrungs-Hinter-
grund subkultureller Sprachpraxis untersuchen will, besagt

dieser Fall eben in der Tat nicht mehr, als z.B. für alle
Deutschsprachigen die Tatsache besagt, daß unser Wort Handschuh auf im Prinzip leicht erkennbare (und einleuchtende!)
Weise morphologisch motiviert ist; Handschuh verhält sich zu
engl. glove so wie nicht alle Tassen im Schrank haben zu verrückt sein - sofern nicht einem/r Beteiligten an den morphologisch komplexeren Ausdrücken bewußt wird, daß es sich bloß
um eine Redensart (bzw. bei Handschuh um eine Metapher) handelt.

Der eigentlich interessante Fall ist derjenige, wo jemandem
ein Phraseologismus als solcher bewußt wird (was sich durch
die Art der Verwendung, Kommentierung, bewußten Veränderung
zeigt). Denn erst hier zeigt sich, wie sich der kulturelle/
erfahrungsmäßige Hintergrund in Sprache ausdrückt: in dem Akt,
wo sich jemand von diesem Hintergrund distanziert, indem er/
sie die Wendung bloß als Phraseologismus verwendet/versteht.

Phraseologismen zeigen also nicht etwa Erfahrungen, die in
unsere Sprache eingegangen sind und "hinter unserem Rücken"
unser Denken beeinflussen, sondern wir zeigen solche Erfahrungen, indem wir eine Wendung als Phraseologismus erkennen.
Phraseologismen sind nicht die sprachlichen Formen, die unser
Denken an versteinerte Erfahrungen binden, sondern sie sind
diejenigen Formen, die für uns Erfahrungen repräsentieren,
von denen wir uns in unserem Sprechen distanzieren. Phraseologismen sind Wendungen, die wir als um ihrer Form willen geäußert verstehen, d.h. wir wollen uns nicht auf die in ihr
gebundene ursprüngliche Bedeutung festlegen lassen.

Dem Gebrauch von Phraseologismen wird somit hier eine ästhetische Funktion als Grundfunktion zugeschrieben (genauer zu dieser These: Januschek, in Vorber.). Diese ästhetische Funktion
gründet sich nicht darauf, daß Phraseologismen etwa durch bestimmte allgemeine ästhetische Merkmale gekennzeichnet wären,
sondern vielmehr darauf, daß wir ihre je besonderen Ausdrucks-
oder Inhaltsmerkmale als bloß formale, ästhetische verstehen.
Dies wird z.B. dann deutlich, wenn man versucht, Sprüche oder
Redewendungen zu "erfinden": Eine 9. Hauptschulklasse, der ich
diese Aufgabe stellte, brachte zwar eine große Menge von Sprü-

chen hervor; diese waren aber durchweg nach ganz wenigen stereotypen syntaktisch-lexikalischen Mustern aufgebaut und ließen wenig über kulturelle, Erfahrungs- oder Phantasiehinter-
gründe erkennen. Die Aufgabe zwang die Schüler/innen, das,
was normalerweise Folge der Phraseologisierung von Formulierungen ist - die Suche nach ihren besonderen ästhetischen
Merkmalen -, zu deren Voraussetzung zu machen. Was herauskam,
war folgerichtig eine Liste von ästhetisch ähnlichen Formulierungen, die aber insgesamt offensichtlich keinen Aufschluß
über Jugendsprüche allgemein erbrachte.

Wenn zwar das Sammeln von Sprüchen Jugendlicher uns keinen
privilegierten Zugang zu der Art und Weise verschafft, wie
sie "kreativ" an Sprache arbeiten, ihre Erfahrungen sprachlich
zum Ausdruck bringen, so besagt es doch etwas über uns: Wir
sind auf innovative, auffällige, obszöne usw. Redewendungen
aus und projizieren die Probleme, die wir allgemein mit dem
Verstehen von Jugendlichen (und d.h. nicht nur: ihrer Sprache!)
haben, in diese Wendungen hinein. Gleichzeitig ästhetisieren
wir diese Wendungen, indem wir sie als Phraseologismen rezi-
pieren; wir machen sie zu Wendungen, die um ihrer Form willen
interessant sind, deren Gebrauch nicht - wie bei gewöhnlichen
Äußerungen - einfach "verstanden" wird, sondern die - wenn
überhaupt - wie literarische Kunstwerke eigens "interpretiert"
werden müssen. Dies ist eine der Voraussetzungen dafür, daß
solche Sprüche zu Modeerscheinungen werden. Und das bedeutet
nach Lage der Dinge: daß sie vermarktet werden. So erleben
wir heute die absurde Situation, daß sich Verlage über die
Rechte (auch Urheber(!)rechte) an "Scene-Sprüchen" (die sicherlich zum erheblichen Teil am Schreibtisch erfunden wurden)
gerichtlich streiten (vgl. Stern Nr. 2/1985, 130). Das -
vielleicht ursprünglich wohlgemeinte (vgl. das obige Zitat
von Zinnecker) - Interesse an den Ausdrucksformen der Erfahrungen Jugendlicher verwandelt sich konsequent in die Kom-
merzialisierung von Sprache: Hier zeigt sich, was es bedeutet,
Wendungen systematisch als Phraseologismen zu untersuchen.

Ist diese Form der Vermarktung von subkultureller Sprachpraxis
an sich schon widerlich genug, so wird sie doch noch perver-
ser, wenn sie von den Betroffenen selbst gefördert wird (wie

mir scheint, ein typisches Mittelschicht-Phänomen): Dies gilt
zum einen für Bücher wie "angesagt: scene-deutsch. Ein Wörterbuch" (Rittendorf u.a. 1983), wo sich Angehörige der "scene"
ohne jeden analytischen Anspruch einfach nur selbst bespiegeln;
es gilt im weiteren aber auch für die durchaus übliche Übernahme der von außen vorgenommenen Identifikation der "Jugendsprache" mit einigen auffälligen Wendungen durch die Jugendlichen selbst:

(Aus einem längeren Interview, das Hans Leerhoff
(Stud. Uni Oldenburg) 1979 mit den Schülern C (10.
Klasse Realschule) und J (12. Klasse Gymnasium)
zum Thema "Jugendsprache" durchgeführt hat:)

C: Um zusammen zu gehören. Ich mein, diese Motor-
radgruppen identifizieren sich eben mit dem Mo-
torrad mit der ganzen Sache, frisieren, aufhei-
zen, Hauptsache das jault, Hauptsache die Bullen
kommen hinterher; und in der Klasse eben Hauptsache du gebrauchst so viel Schimpfwörter und
dreckige Wörter wie's nur geht, also mit dem
Masse drauf. Das legst du aber irgendwann mal
ab, wenn du merkst, daß du damit nicht weiter-
kommst, nicht.
...

J: Was mir noch eben einfällt zu der Sprache am
Gymnasium, ich glaub, daß das also nicht so
kernig durchwachsen ist, liegt zum Teil auch
daran, daß wir also vor einem Jahr ungefähr
so'n Kurs hatten - Sprachtheorie und dann das
ganze mit restringierten und elaborierten Co-
den die ganze Geschichte da behandelt hatten
und deswegen das jetzt auch nicht jetzt unbewußt machen, sondern da eben nachdenkend mehr
sprechen.

Wenn man die letzte Bemerkung von J im Zusammenhang mit dem
oben Ausgeführten betrachtet, liegt es durchaus nahe, die
Sprachwissenschaft - trotz oder gerade wegen ihres eigentlich
wohlgemeinten moralischen Zugriffs auf subkulturelle Phrase-

ologismen - in der Gefahr zu sehen, zur Agentur der Enteignung und Vermarktung von Sprache zu werden.

Literatur

Burger, H./ A. Buhofer/ A. Sialm: Handbuch der Phraseologie, Berlin/ New York 1982

Coulmas, F.: Ein Stein des Anstoßes, in: Studium Linguistik 13/1982, 17-36

Januschek, F.: Arbeit an Sprache, in Vorbereitung

Lang, E.: Die Sprache Edgar Wibeaus: Gestus, Stil, fingierter Jargon. Eine Studie über Ulrich Plenzdorfs Die neuen Leiden des jungen W., in: Studia Poetica 3/1980, 183-241

Maas, U.: Konnotation, in: F. Januschek (Hg.): Politische Sprachwissenschaft, Opladen 1985, 71-95

Rittendorf, M./ J. Seifer/ H. Weiß: angesagt: scene-deutsch, Frankfurt/M. 1983

Willenberg, G.: Wie gräbt man eine Schnecke an? in: Muttersprache 94/1984, 371-375

Zinnecker, J.: Die Gesellschaft der Altersgleichen, in: Jugend '81: Lebensentwürfe, Alltagskulturen, Zukunftsbilder. Jugendwerk der Deutschen Shell, Hamburg 1981, Bd.1, 422-671

Klaus J. Mattheier

DIALEKTOLOGIE und KULTURRAUMFORSCHUNG.
Bemerkungen zu den kulturräumlichen Traditionen moderner Dialektsoziologie.

1921 schreibt der sprachwissenschaftliche Hauptvertreter der
Kulturraumforschung Theodor Frings: "(...) die heutigen landschaftlichen Formen und Lagerungen (der Mundarten) sind vielfach das Ergebnis sozial-linguistischer Revolutionen."[1] Die
wichtigste dieser sozial-linguistischen Revolutionen war für
ihn und in Ansätzen schon für seinen Lehrer Ferdinand Wrede -
von dem er übrigens auch den uns so modern erscheinenden Terminus 'Sozial-Linguistik' ausleiht - die Ausbildung landes-
herrlicher Territorien, die die siedlungsgeschichtlichen Lagerungen der germanischen und altdeutschen Stammessprachen in
viele Regionen überformte und revolutionierte. Bis dahin waren
es die germanischen Stammesgebiete gewesen, denen man die
sprachgrenzbildende Kraft zugeschrieben hatte. Jetzt sieht
Frings die Sprachräume, die sich in den ersten Karten des
Deutschen Sprachatlasses erkennen ließen, entstanden im Wech-
selspiel zwischen den frühneuzeitlichen territorialen Kulturräumen, die sich bis 1800 über 400 bis 500 Jahre hinweg relativ stabil gehalten haben und den durch den gesellschaftlichen Verkehr und kulturellen Kontakt sich ausbildenden Kulturströmungen. Doch sind es für die Kulturraumforschung nicht nur
die Spracherscheinungen, die sich in Kulturräumen und Kulturströmungen entfalten. Die Kulturraumforschung sieht schon nach
den ersten Publikationen in der zweiten Hälfte der 20er Jahre
den Beweis erbracht, daß alle "Güter der ober- wie der unter-
schichtlichen Kultur in ihrer räumlichen Verbreitung nach den
gleichen Gesetzen gestaltet werden wie die Sprache, die ja nur
einen Sonderfall des gemeinschaftlich gebundenen kulturellen
Lebens einer landschaftlichen Menschengruppe darstellt".[2] Hier
sah man einen Ansatzpunkt für die interdisziplinäre Zusammenarbeit von Landesgeschichte, Sprachgeschichte, Volkskunde,
Archäologie, Kunstgeschichte, Kirchengeschichte, Rechtsge-
schichte, historischer Geographie, Wirtschaftsgeschichte und
historischer Soziologie. Schon Anfang der 20er Jahre wird das
erste interdisziplinäre Forschungsinstitut für diesen Ansatz

gegründet, das Institut für geschichtliche Landeskunde der
Rheinlande an der Universität Bonn, an dem bis 1926/27 die
eigentlichen Gründer der Schule, der Historiker Hermann Aubin
und der Sprachwissenschaftler Theodor Frings gemeinsam arbei-
teten und 1926 zusammen mit dem Volkskundler Josef Müller die
erste Publikation vorlegten, die 'Kulturräume und Kulturströmungen im Rheinland'.[3] Es folgten ähnliche Gründungen in Leipzig, in Breslau und in Freiburg. Aber je mehr Daten die inten-
siven Erforschungen von Kulturräumen und Kulturströmungen auf
den verschiedensten Wissensgebieten zu Tage förderten, desto
problematischer wurden die Postulate von der kulturraumbilden-
den Kraft der frühneuzeitlichen Territorien. So scheinen etwa
die Raumgliederungen des Ostmitteldeutschen eher auf die siedlungsgeschichtlichen Strukturen als auf die Territorienbildung
zurückzuführen sein. Besonders die volkskundlichen Raumstruk-
turen, die im Zusammenhang mit den Arbeiten zum Atlas der
deutschen Volkskunde (ADV) erkennbar wurden, ließen sich häufig nur schwer oder gar nicht in ein Kulturraumkonzept pressen.
Gerade bei der meist sehr komplexen Struktur volkskundlicher
Phänomene waren offensichtlich nicht nur historisch-politische
Räume und ihre objektiven Verkehrskontakte für die Verbreitung
und die Erhaltung maßgeblich. Hinzu kommen mußten, wie etwa
Richard Weiß feststellte,[4] innerpersonale Begründungen, die
in den Einstellungs- und Vorurteilsstrukturen der Menschen
selbst liegen.
Kulturraumforschung im engeren Sinne der Bonner Schule als
Erklärungskonzept für regiohistorische Verteilungen verschiedenster Kulturphänomene aus den revolutionären Umschichtungen
im Deutschen Reich beim Übergang zur Landesherrschaft im späten Mittelalter hat sich als problematisch erwiesen. Diese Erkenntnis der 50er Jahre sollte jedoch nicht dazu führen, das
theoretische und besonders das methodische Grundkonzept der
Kulturraumforschung ebenfalls zu verwerfen.
Der Gedanke, daß Sprache eingebunden ist in ein großes Spektrum von gesellschaftlichen Erscheinungen, die gemeinsam einen
regional-historisch verorteten Sozialhandlungsraum bilden und
sich nur in enger Abhängigkeit voneinander und von übergreifenden historischen Veränderungen wandeln, dieser Gedanke ist

heute Gemeingut der modernen Sozialgeschichtsforschung etwa
der Brunner/Conze-Schule ebenso wie der Sozialgeographie und
nicht zuletzt in der modernen Dialektologie, der es um die
Verbreitung dialektaler Varietäten nicht nur im Raum, sondern
auch in der gesellschaftlichen Gruppe und in den Situationen
geht, also der Dialektsoziologie.[5] Aber auch methodisch steht
die Dialektsoziologie zumindest indirekt in der Tradition der
Kulturraumforschung, wenn man etwa an den interdisziplinären,
aber regional gebundenen Ansatz der modernen Stadt- und Ortssprachenforschung[6] denkt. Dabei sind die sozialen Räume, an
denen man ansetzt, natürlich viel kleiner. Aber an die Stelle
des im Grunde eindimensionalen Raumes der klassischen Kultur-
forschung, der auf vertikale, soziale oder situative Differenzierungen wenig Rücksicht nahm, tritt jetzt der gesellschaftliche Raum als Raum, der vielfach regional, sozial und situa-
tiv gegliedert ist.
Der Ortssprachenanalyse geht es um die Beschreibung der in
einem sozialen Raum vorhandenen Varietäten und ihrer Verbreitung unter den sozialen Gruppen bzw. in den verschiedenen Le-
benssituationen. Sie sieht aber gerade in der letzten Zeit
auch die Problematik solcher Analysen, wenn man sich ausschließlich auf die Feststellung der objektiven Befunde beschränkt. Eine Kritik Hugo Mosers an der klassischen Kulturraumforschung aus dem Jahre 1952 aufgreifend, kann man auch für die
Ortssprachenforschung sagen: "Die Gruppe manifestiert sich ob-
jektiv in der Sonderart und subjektiv im Sonderbewußtsein, zu
dessen Ausprägung auch die Sonderart beiträgt."[7] Auch die
Ortssprachenforschung muß die objektiven Verbreitungsanalysen
ergänzen durch eine Untersuchung des alltäglichen Sprachwis-
sens aller Sprecher und ihrer Einstellungs- und Vorurteilsstrukturen.[8]
Erst diese Informationen ermöglichen eine angemessene Erklärung der sozialen und regionalen bzw. situativen Verbreitung
von Varietäten in soziokulturellen Räumen und ihrer Abgrenzung
voneinander, also eine Antwort auf die Forschungsfrage, die die
klassische Kulturraumforschung als erste in dieser Präzision
gestellt hat.

Anmerkungen

1. Frings, 1921, 3f. Vgl. zum Thema auch Grober-Glück 1982 und Zender 1984
2. Bach 1934, 123
3. Aubin, Frings, Müller 1926
4. Weiß 1952
5. Vgl. dazu Mattheier 1980
6. Besch, Mattheier (Hg.) 1985 und die dort angegebene Literatur.
7. Moser 1952/1954, zit. nach Grober-Glück 1982,98
8. Erste Überlegungen in diesem Zusammenhang finden sich bei Hard 1966. Vgl. dazu Mattheier 1985

Literatur

Aubin, Hermann/ Frings, Theodor/ Müller, Josef: Kulturströmungen und Kulturprovinzen in den Rheinlanden. Geschichte, Sprache, Volkskunde. Bonn 1926

Bach, Adolf: Deutsche Mundartforschung. In: Germanische Philologie. Festschrift für Otto Behagel zum 80. Geburtstag. Heidelberg 1934, 111-135

Besch u.a. (Hg.): Dialektologie. Ein Handbuch zur deutschen und allgemeinen Dialektforschung. Bd. 1 Berlin, NewYork 1982

Besch u.a. (Hg.): Sprachgeschichte. Ein Handbuch zur Geschichte der deutschen Sprache und ihrer Erforschung. Bd. 1 Berlin, NewYork 1984

Besch, Werner / Mattheier, Klaus J. (Hg.): Ortssprachenforschung, Beiträge zu einem Bonner Kolloquium. Berlin 1985

Frings, Theodor: Die deutsche Sprachwissenschaft und die deutsche Mundartforschung, Ein Wort zum Geleit. ZdM 16 (1921) 2-12

Grober-Glück, Gerda: Die Leistungen der kulturmophologischen Betrachtungsweise im Rahmen dialektgeographischer Interpretationsverfahren. In: Besch u.a. (Hg.) 1982,92-113

Hard, Gerhard: Zur Mundartgeographie. Ergebnisse, Methoden, Perspektiven, Düsseldorf 1966 (=Beih.z.Zs.'Wirkendes Wort' 17)

Mattheier, Klaus J.: Pragmatik und Soziologie des Dialekts.
    Einführung in die Kommunikative Dialektologie. Heidelberg
    1980
Mattheier, Klaus J.: Dialektologie der Dialektsprecher - Über-
    legungen zu einem interpretativen Ansatz in der Dialekto-
    logie. Germanistische Mitteilungen. Zs.d.Belg.Deutsch-
    lehrerverbandes 21 (1985) 47-67
Moser, Hugo: Sprachgrenzen und ihre Ursachen. ZMF 22 (1954)
    87-111
Weiß, Richard: Kulturgrenzen und ihre Bestimmung durch volks-
    kundliche Karten. Studium Generale 5 (1952) 363-373
Zender, Matthias: Historiolinguistik, Volkskunde, Kulturraum-
    forschung. In: Besch u.a. (Hg.) 1984, 228-241

Judith McAlister-Hermann

"tho gedencken wo men hir dat folcke spiset"
Kulturanalytische Leseweise frühneuzeitlicher Texte am Beispiel Osnabrücker Gesindeordnungen aus dem 17. Jahrhundert

Gegen Ende des 18. Jhs. hat ein unbekanntes Mitglied der von
dem Bussche, einer Familie aus dem Osnabrücker Landadel, "Alte
Ippenburgische Haußhalts und Speise Ordnungen auch alte und
neue Dienst Register" zu einem Miszellen-Band[1] von ca. 200
Seiten zusammengestellt und -gebunden. Wahrscheinlich war der
Band schon damals für die Aufnahme ins Ippenburgische Familienarchiv bestimmt, dessen umfangreiche Bestände vom frühen 13.
bis ins 20. Jh. reichen[2]. Obwohl der Sammelband mit einem Ver-
trag aus dem Jahre 1491 beginnt und eine "Instruction" eines
Verwalters vom Jahre 1757 enthält, stammen alle anderen Aufzeichnungen - direkt oder indirekt zu datieren - aus dem 17.
Jh. (1618-1691): Es sind Texte aus der Geschäftsführung, Buch-
haltung und Verwaltung des Hauses und Guts Ippenburg (Kreis
Wittlage, ca. 20 km nordöstlich von Osnabrück). Neben Verträ-
gen, Vereidigungen, Quittungen, Rechnungen u.ä. sind es vor
allem Texte, die die tägliche Verpflegung und/oder Arbeits-
verpflichtungen des Hauspersonals festlegen, die den Kern dieses Sammelbands bilden.
Eine solche Textsammlung bietet eine glückliche Gelegenheit,
sprachlich-kulturelle Entwicklungen innerhalb eines bestimmten
gesellschaftlichen Bereichs sozusagen im Mikrokosmos über
einen längeren Zeitraum hinweg mehr oder weniger kontinuier-
lich zu beobachten[3]. Besonders reizvoll dabei ist die Tatsache, daß sehr viele der Texte nicht nur chronologisch und geographisch genau bestimmbar sind, sondern auch prosopographisch:
denn für die vielen autographen Texte oder die, die sonstwie
bestimmten Personen zuzuschreiben sind, läßt sich einiges über
die Biographien und daher über die kulturellen Orientierungs-
punkte der oder des Schreibenden herausfinden, entweder aus
eigenen oder aus sonstigen familiären Aufzeichnungen oder aber
aus Sekundärquellen wie Leichenpredigten u.ä. In diesem Falle
kommen die Recherchen von neuzeitlichen Familienforschern noch
dazu[4].
Aber nicht nur die ereignisgeschichtlichen und individuell-

biographischen Inhalte solcher Texte sind kulturanalytisch
auswertbar: Auch die sprachliche Form, in der sie artikuliert
ist, ist zu interpretieren. Voraussetzung für eine solche Analyse ist allerdings ein dichtes Beziehungssystem, in dem
sprachliche Formen in bezug auf ihre kulturelle Einordnung und
Bewertung, d.h. ihre Konnotationen[5] interpretierbar werden.
Die hier skizzierte Forschungsstrategie steht im Kontext des
Projekts "Erforschung der sprachlichen Verhältnisse in der
frühen Neuzeit in Osnabrück"; dort soll einerseits eine deskriptive sprachhistorische Vergleichsgrundlage für diese Stadt
(und Region) im 16. und 17. Jh. erstellt werden; andererseits
werden Fallstudien über die konkrete Schreibpraxis von identi-
fizierbaren Personen erarbeitet, um Fixpunkte für die Analyse
zu gewinnen[6].
Eine weitere Voraussetzung für ein solches Verfahren ist die
sorgfältige Beobachtung und Auswertung der jeweiligen sprachlichen Form der Texte: Alle Schreibungen sind ernst zu nehmen[7] und womöglich zu interpretieren oder interpretierbar zu
machen, weshalb der Rückgriff auf handschriftliches Material
und eine möglichst genaue editoriale Wiedergabe aller einschlägigen (auch Druck-)Texte notwendig sind[8].
Für diese Fallstudie habe ich eine Gruppe von verwandten Texten aus dem oben beschriebenen Sammelband ausgesucht, deren
Analyse sowohl einige interpretative Möglichkeiten als auch
einige methodische Schwierigkeiten verdeutlichen soll, die mit
diesem Verfahren verbunden sind.
Ein generelles Problem bei der Erforschung sprachlicher Verhältnisse vergangener Zeiten, zu der nur schriftliches Primär-
quellenmaterial vorliegt, ist das der Überlieferung, die gerade bei außerkanzleiischem Schrifttum sowohl zeitlich als auch
quellen- und sozialspezifisch höchst zufällig und lückenhaft
ist. (Hier muß auf die Berücksichtigung von indirektem Quellenmaterial aus der historischen Dialektforschung weitgehend verzichtet werden, deren Fokus auf der Erschließung der Entwicklung gesprochener Sprachformen gerichtet ist, insbesondere auf
die, die zu den heutigen Formen geführt haben. Hier und im
Projekt geht es zunächst um die Erschließung sprachlicher Verhältnisse aufgrund der Interpretation schriftlicher Zeugnisse[9].)

Es waren also zunächst Zufälligkeiten in der Überlieferung, die
zur Miteinbeziehung der Bestände der Familie der v.d. Bussche
ins Osnabrücker Projekt geführt haben; es wird ständig nach
anderen einschlägigen Privatquellen gesucht, die der Stadt Osnabrück geographisch näher stehen. Die Beziehungen zwischen
dieser Familie und der Stadt Osnabrück waren jedoch über Jahrhunderte hinweg intensiv: Clamor v.d. Bussche (*1540+1573) und
sein Sohn Johan (*1570+1624) - Vater bzw. Bruder Alberts v.d.
Bussche (*1573+1602), Stammherr der Ippenburgischen Linie, Ehemann von der Verfasserin von Text 1 (s.u.) - gingen in die
Schule zu Osnabrück (Geschichte 1887, 160; Zeitung 3(1912)31),
wo man mindestens seit 1544 zwei Häuser besaß (Geschichte 1887, 1
eins davon blieb nachweislich bis Ende des 18. Jhs. im Familien-
besitz (Zeitung 8(1918)96). Dorthin flüchtete man, als Ippenburg 1623 von Kriegswirren bedroht wurde (Leichenpredigt auf
Catherina Elisabeth v. Wrede, Verfasserin von Text 2, 1694,16).
Dort wohnte ein Geschwisterpaar von der Haddenhäuser Linie, das
1635 an den Blattern - (Wind-)Pocken oder Pest erkrankte und
starb; die beiden liegen an der Katharinenkirche begraben
(Zeitung 4(1912)44; Geschichte 1887, Anhang 16). Der bischöfliche Hof in Iburg und die Kanzlei in Osnabrück boten vielen
strebsamen Söhnen der Familie Arbeits- und Aufstiegmöglich-
keiten: Philipp Sigismund (*1598+1657), Ehemann der Verfasserin von Text 2, wurde nach dem damaligen evangelischen Bischof
genannt; als dessen Privatsekretär wird ein Johan Alhard (von
der Haddenhäuser Linie?) 1615 urkundlich erwähnt (Geschichte
1887, 171). Nach der Gegenreformation wurden die Beziehungen
zu Osnabrück offensichtlich zugunsten des evangelisch blei-
benden braunschweigisch-lüneburgischen Hofs etwas gelockert;
die Stadt Osnabrück blieb jedoch lange noch der nächstgele-
gene gesellschaftliche Beziehungspunkt und Repräsentationsort.
Clamor (*1650+1723) (Ehemann von der Verfasserin von Text 3)
bestand auf dem von seinem Vater Philipp Sigismund nicht wahr-
genommenen Recht auf Mitgliedschaft in der Osnabrücker Ritter-
schaft (Zeitung 6(1913)63). Noch 1789 schrieb der damals neun-
zehnjährige Georg in sein Tagebuch, daß er nach einem Besuch
zu Ippenburg abends wieder nach Osnabrück eilte, um dort einen
Ball nicht zu verpassen; dort hatte er auch seinen privaten

Französischunterricht (Zeitung 8 (1918)96).
Ein zweites Problem allgemeiner Art stellen die Einschränkungen dar, die mit der Analyse von privatem Schrifttum immer
präsent sind, aber besonders stark auftreten, wenn es sich um
einen so speziellen Gesellschaftskreis handelt, wie z.B. den
hier vertretenen norddeutschen Landadel: Es bleibt zu klären,
welchen Verallgemeinerungswert Aussagen über die Schreibpraxis Einzelner haben. Aber auch ganz abgesehen von Fragen der
Repräsentativität (vgl. Anm. 3), wäre mir - wenn ich schon
Amateurahnenforschung betreiben muß - die Auseinandersetzung
mit weniger privilegierten Menschen lieber, die in der bisherigen (Sprach-)Geschichtsforschung weniger - wenn überhaupt -
berücksichtigt worden sind. Dieser Einwand läßt sich z.T.
entschärfen, indem sich gelegentlich Texte finden lassen, die
wie einige der vorliegenden nicht vom mächtigen Hausherrn oder
etwa seinem sich auf der Italienreise befindenden jungen Stamm-
halter[10] geschrieben wurden, sondern von der Frau und Herrin
des Hauses. Außerdem handeln diese Texte unmittelbar vom alltäglichen Umgang zwischen Herrschaft und Untertanen, die ja
kaum eigene schriftliche Spuren hinterlassen haben (können).
Allerdings sind die Aufschlüsse über das Leben der kleinen
Leute, die hier zu erwarten sind, eher über ihre Eß- und Ar-
beitsgewohnheiten als über ihre Sprachpraxis, denn die Hausordnungen, die hier untersucht werden sollen, sind höchstwahr-
scheinlich von einer Herrschafts- und Verwaltungsgeneration an
die nächste adressiert und wohl kaum an das (unmittelbar davon
betroffene) Hausgesinde.
Die interessantesten Probleme und Ergebnisse dieser Fallstudie
entstehen jedoch in der Auseinandersetzung mit den Primärquel-
len; zu deren Erläuterung werden Auszüge und Abschriften der
wichtigsten Texte im folgenden (um ca. die Hälfte verkleinert)
abgedruckt.
Im Abb. 1 sind abgebildet und in diplomatischer Abschrift wiedergegeben Titelblatt und erste Seite von Aufzeichnungen in
einer niederdeutschen Schriftsprachform (Text 1) zusammen mit
direkt darauf bezogenen Nachträgen (Text 2) in einer hochdeutsch
intendierten Schriftsprachform mit deutlichen Spuren von Interferenz mit einer niederdeutschen Sprachform. (Näheres zur

sprachlichen Form im folgenden.) Diese beiden Texte könnten familienkundlich, ernährungswissenschaftlich und volkskundlich von großem Interesse sein; sprachhistorisch bieten sie jedoch keine großen Überraschungen. Der ältere Text 1 wurde von Heilwig v.d. Bussche wahrscheinlich gegen Ende ihrer 45-jährigen Herrschaft über den Haushalt zu Ippenburg verfaßt als Anleitung für ihre Nachfolgerin, eine künftige Schwiegertochter. Die handschriftliche Identifikation ist durch Vergleiche mit eigenhändig unterschriebenen Briefen[11] gesichert. Die sprachliche Form dieses Textes ist durchaus kongruent mit den bekannten Tatsachen über Zeit, Ort und Person ihrer Entstehung. Obwohl bisher nichts über den Bildungsweg dieser Frau entdeckt werden konnte, liegt die Annahme nahe, daß sie wie viele Frauen ihres Standes zu Hause zunächst unter Anweisung der eigenen Mutter und später von Hauslehrern oder -lehrerinnen Schreiben, Lesen und Rechnen lernte (vg. die dokumentierten Angaben zu Catharina Elisabeth unten). Es gibt jedoch einen indirekten Hinweis auf diese Annahme: Die Unterschrift der Mutter von Heilwig, Heilwig v. Mönckhusen, geb. Busche - offensichtlich keine Verwandte der v.d. Bussche - zeigt große Ähnlichkeit mit der Handschrift ihrer Tochter (s. Abb. 2). (Die Unterschrift der Braut fehlt; die Mutter scheint für die erst Achtzehnjährige unterschrieben zu haben.) Diese Ähnlichkeit legt die Vermutung nahe, daß Heilwig den prägenden Erstschreibeunterricht von ihrer Mutter erhalten haben konnte. Nichts spricht gegen die Annahme, daß dieser Unterricht in niederdeutscher Sprache erfolgt ist und einer niederdeutschen Schriftform galt, denn trotz der Aufnahme hochdeutscher Sprachformen in norddeutschen städtischen Kanzleien seit Anfang/Mitte des 16. Jhs.[12] wurde z.B. in norddeutschen Schulen bis Mitte des 17. Jhs. Niederdeutsch im Unterricht eingesetzt (Gabrielsson 1983, 142). Gerade im Bereich privaten Schrifttums blieben lokale Schreibsprachformen noch lange in Gebrauch. Der Ippenburgische Befund zeigt Parallelen zu einer Studie von Mattheier 1981/82 über entsprechende Kölner Privattexte des späten 16. Jhs. Obwohl man dort seit Mitte des 16. Jhs. bemüht war, öffentlich Hochdeutsch zu schreiben, machten private Schreiber/innen diese Entwicklung erst mit großer Verzögerung mit

(Mattheier 1981/82, 54-55). Auch in Ippenburg ist seit ca.
1570 hochdeutsche Schriftlichkeit eine Ausdrucksmöglichkeit,
die von zunehmend mehr einzelnen Familienmitgliedern immer
häufiger eingesetzt wird, bis niederdeutsche Texte nicht mehr
vorkommen (Geschichte 1887, passim); der genaue Zeitpunkt des
Verschwindens von niederdeutschen Texten läßt sich noch nicht
feststellen, wie hier zu zeigen sein wird. Die zahlreichen
Leichenpredigten, die man seit Anfang des 17. Jhs. in nahege-
legenen Druckorten wie Lemgo, Rinteln, Bielefeld und Minden
anfertigen ließ, sind selbstverständlich hochdeutsch mit den
obligaten lateinischen und griechischen Einsprengseln (vgl.
Quellenverzeichnis); die wuchtigen Grabsteine, die man in
der Kirche zu (jetzt: Bad) Essen aufstellen ließ, tragen nur
hochdeutsche und lateinische Inschriften (Zeitschrift, Tafel
V et passim im Text; Geschichte 1887, Anhang, 17-19).
Text 1 zeigt keinerlei Anzeichen von Interferenz mit hochdeutschen Sprachformen: Der Konsonantismus ist durchaus ein niederdeutscher: <u>vp</u> 89-16, <u>disck</u> 89-1, <u>droigefleisck</u> 89-11, <u>midde-</u>
<u>wecken</u> 89-13, <u>eten</u> 89-16. Der Vokalismus zeigt z.B. keine
hochdeutschen Diphthonge: <u>spiset</u> 88-2, <u>bi</u> 88-3, <u>vp</u> 89-16. Vokallänge wird mit nachgestelltem <u>i</u> angedeutet, das westmitte-
deutsch/niederdeutsche Schreibpraxis konnotiert (und als ge-
lernte Schreibung zu werten ist): <u>boinen</u> 89-10, <u>meir</u> 89-9.
Es begegnet für niederdeutsche Texte normale morphophonologi-
sche Variation: <u>gift</u> 89-1 ("gibt"), <u>geúen</u> 90-9 (Inf."geben");
<u>kricht</u> 91-12 (3 Sg. Präs. Indik. "kriegen"), <u>kriget</u> 89-11 (3
Pl.). Einige als sprechsprachlich zu wertende Schreibungen
deuten auf eine gewisse Distanz zum gelernten) Schriftnie-
derdeutsch: <u>wi</u> ... <u>eten</u> 89-16 neben <u>kriget</u> <u>se</u> 89-18; <u>vedinge</u>
89-15 neben <u>veidding</u> 89-18 ("Speisung"); <u>woste</u> 89-17 ("Würste").
Insgesamt bestätigt die sprachliche Form des Texts die dahin-
terliegenden äußeren Umstände (insofern sie bekannt sind): Es
ist ein privater Text von einer schreibgeübten, aber nicht gelehrten oder weitgereisten Person, die in einer lokalen
Schreibsprachform mit zeitüblicher innerer Variation für den
internen Gebrauch schreibt. Es bestehen enge Beziehungen zwischen der geschriebenen und der gesprochenen Sprache(n).

Bis auf den letzten Satz gilt diese Aussage für Text 2 (Abb. 1),

der allem Anschein nach von der nächsten Hausherrin zu Ippenburg stammt, obwohl noch keine Vergleichstexte entdeckt worden
sind, die eine direkte Identifikation erlaubten. Den Ehevertrag zwischen Philipp Sigismund und Catharina Elisabeth v.
Wrede hat ihr Vater Philipp Eberhard v. Wrede unterschrieben
(StAOs Dep 40b Nr 120). Es bestand aber über die Identität
der Verfasserinnen der beiden Hausordnungen kein Zweifel, als
eine unbekannte Hand diese Texte Ende des 17. Jhs. auseinan-
derklaubte und in einer hochdeutschen Fassung in ein kleines
Heft (im gleichen Format wie das Original) abschrieb, das im
Sammelband auf S. 101-116 direkt nach der Vorlage eingebunden
ist: Dort wird der ältere Text als "Memoriae" der "hochEdelgebohr*en et cetera* Frau Heidewig [sic!] von Münchaußen bezeichnet, während Catharinas Nachträge "Der hochEdelgebohr*en
et cetera* Frau Cath. E. d. Wreden Fraw Wittben ordnúng" heißen. (Auflösungen von Abkürzungen im Original sind hier in
Italic-Schrift wiedergegeben.)
Catharina hat ihre Nachträge zu den Aufzeichnungen ihrer Vor-
gängerin direkt in die Handschrift eingetragen, und zwar an
den Stellen, wo sie inhaltlich hingehören. Hiermit hat sie ihre eigene Praxis in der Hausführung und die von ihr für notwendig gehaltenen Abweichungen von dem Vorgegebenen festgehalten; gleichzeitig dokumentierte sie sich als eine, die die
Haustradition zu schätzen wußte.
Über den Lebenslauf von Catherina Elisabeth v. Wrede ist einiges mehr bekannt, als über den von Heilwig. Es scheint, als
hätten die beiden Frauen vieles gemeinsam: Beide haben relativ
jung[12a] (mit 24 bzw. 18 Jahren) geheiratet und sind wenig ge-
reist, ja kaum aus ihrer Region herausgekommen (Catharinas
Geburtsort Uhlenburg liegt ca. 25 km östlich von Ippenburg;
Apelern, wo Heilwig herkam, ist etwas weiter weg, ca. 65 km
entfernt, und liegt im ostfälischen Sprachraum). Beide haben
jahrelang die alleinige Verantwortung für den Haushalt gehabt,
da sie ihre Ehemänner um Jahrzehnte überlebt haben. Catherina
hat den Haushalt 1679 aufgegeben und an ihre Nachfolgerin, die
Schwiegertochter Anna Maria v. Hardenberg bei der Heirat mit
ihrem zweiten Sohn Clamor[13] weitergegeben; die letzten vier-
zehn Jahre ihres Lebens hat Catharina bei ihrer Tochter Anna

Dorothea v. Münchhausen in Rinteln verbracht (Zeitung 4(1912)
43). Als junges Mädchen hätte sie wohl von ihrer Mutter den
Erstlese- und Schreibunterricht erhalten, wenn diese nicht
früh gestorben wäre (Leichenpredigt auf Catharina, 1693, 34).
Ihre "treu-sorgfältige Erziehung" wurde "fromme[n] Adeliche[n]
Matronen" anvertraut, nachdem sie vom "Pastor Marmelstein im
Lesen Schreiben und dem Christenthum fleisig informieret" wor-
den war. Sie lebte vom zehnten Lebensjahr bis zu ihrer Heirat
in Stiften zu Levern (bei Stemwede), Osnabrück und Minden.
(Alle Angaben und Zitate sind der Leichenpredigt 1693 entnom-
men.)
Das schriftsprachliche System, auf das Catharinas Text zunächst zu beziehen ist, ist ein hochdeutsches: Hochdeutscher
Konsonantismus ist zu beobachten: <u>gutter</u> 88-9, <u>allezeit</u> 88-4,
<u>aúf</u> 88-8, <u>mússen</u> 88-23, <u>das</u> 88-11, <u>aúch</u> 88-8, <u>wochen</u> 88-13.
Im Vokalismus wird die hochdeutsche Diphthongierung berück-
sichtigt: <u>gespeiset</u> 88-22, <u>beÿ</u> 88-4, <u>aúf</u> 88-3. Vokallänge wird
z.T. mit dem mitteldeutsch/hochdeutschen Dehnungs-h angedeutet:
<u>wahr</u> 88-3, <u>Ihmer</u> 88-21, <u>sohmer</u> 88-7.[12b] Auch ein deutlich
hochdeutsches Morphem kommt vor, vgl. <u>ohrnúng</u> 88-4 mit Heilwigs <u>vedinge</u> 89-15. Aber diese Formen stehen neben anderen, die
deutlich als niederdeutsch zu erkennen sind: <u>middagh</u> 88-16,
<u>Melck</u> 88-7, <u>soppen</u> 88-10. Andere Formen lassen sich nicht ein-
deutig einordnen: <u>disch</u> 88-3 (vgl. Heilwigs <u>disck</u> 89-1), <u>mein-
sche</u> 88-17, <u>behr</u> 88-12. Die Folge -<u>ei</u> scheint keinem Einzellaut
zu entsprechen. Formen wie <u>dei</u> 88-4 (hoch- bzw. niederdeutsch
<u>die</u>, <u>de</u>) und <u>deiners</u> 88-19 (<u>diener</u> bzw. <u>deners</u>) sind auf In-
terferenz zwischen den zwei Laut-Schrift-Systemen zurückzufüh-
ren, mit denen Catharina sich auseinandersetzt. Das niederdeutsche Wort <u>ber</u> "Bier" schreibt sie mal in einer niederdeutschen
Orthographie: <u>beir</u> 88-13, mal in einer hochdeutschen: <u>behr</u> 88-
12, während das Wort <u>viel</u> 88-8 nur in einer hochdeutschen Form
begegnet (niederdeutsch <u>vel</u>). Ein solches Durcheinander zweier
Schreibsysteme ist in der niederdeutschen Sprachgeschichte ein
bekanntes Phänomen der Übergangszeit (16.-17 Jh.)[14]; die Art
von Mischsprache, die hier vorliegt, deutet darauf hin, daß
ein Niederdeutsch sprechender (und lesender!) Mensch eine ge-
lernte hochdeutsche Schriftsprache mehr oder weniger erfolg-
reich bzw. idiosynkratisch anwendet. Auch wenn Catharina in

den zwanziger Jahren des 17. Jhs. eine niederdeutsche Schriftsprache im Schreibunterricht kennengelernt hat, hat sie auch
eine hochdeutsche gelernt. Es gibt aber kein Anzeichen dafür,
daß sie sich besondere Mühe gegeben hätte, entweder hochdeutsche Formen zu benutzen oder aber niederdeutsche zu meiden[15];
vielmehr hatte sie - dank ihrer gesicherten gesellschaftlichen
und familiären Position - keinen Grund gehabt, nicht in ihrer
gewohnten, recht eigenen Art zu schreiben, als sie diese Aufzeichnungen für ihre Nachfolgerin machte.

Hier scheint ein Bruch in der Ippenburgischen Tradition zu
kommen, denn kein Text hat sich bisher auffinden lassen, der
Catharinas Schwiegertochter Anna Elisabeth v. Hardenberg
(*1652, Widderstedt/Grafschaft Mansfeld, +1685 Ippenburg) zuzuschreiben wäre. Die Lebensdaten dieser Frau erklären vielleicht, wieso sie nicht dazu gekommen ist, einen schriftlichen
Beitrag zur Hausgeschichte zu leisten, obwohl sie zwei Söhne
für die Nachkommenschaft der Familie produzierte. Wahrscheinlich lernten sich Clamor und Anna Elisabeth in Heidelberg
kennen, wo sie seit 1671 als Hofdame bei der Erbprinzessin
Wilhelmine Ernestine tätig war. Offensichtlich hatte sie eine
recht steile Karriere als Hofdame, die sie mit sechzehn
Jahren in Kopenhagen begann. Vorher war sie vierzehnjährig mit
ihrem Vater und seiner dritten Ehefrau nach Hamburg gegangen.
Diese vielgereiste Dame heiratete als Siebenundzwanzigjährige
den zwölf Jahre älteren Clamor. Das Ehepaar wohnte abwechselnd
in Ippenburg und in einem anderen Bussche'schen Wohnsitz,
den Sparenberg, obwohl der vielbeschäftigte Diplomat oft auf
Reisen war. In den letzten vier Jahren ihrer Ehe gebar diese
Frau vier Kinder; ihr Tod am 27.5.1685 hing meines Erachtens
mit der damit verursachten gesundheitlichen Belastung zusammen; erst nachdem "einige benachbahrte kündige Frauens" zu
ihrem Sterbebett gerufen wurden, schickte man nach dem Arzt in
Osnabrück. (Biographische Angaben sind der Leichenpredigt 1685
entnommen, oder von der Zeitung 6(1913), die eine Leichenpredigt auf Clamor 1723 zitiert.) Auch wenn diese Frau den Wunsch
oder das Bedürfnis gehabt hätte, für das Hausgesinde eine Ordnung zu schreiben, wäre ihr weder die Kraft noch die Zeit dazu
geblieben.

Eine direkte Fortsetzung der ersten beiden Texte ist der in
Abb. 3 wiedergegebene Auszug aus einer "Instruction" nicht,
obwohl sie von der zweiten Ehefrau Clamors stammt. Keine ganzen zwei Jahre nach dem Tode von Anna Elisabeth haben Clamor
und Anna Maria Gräfin v. Horne-Batenburg am 5.2.1687 geheiratet. Die Identifikation der Hand[16] beruht z.T. auf Vergleichen
zwischen diesem Text 3 und einem Brief in französischer Sprache vom 12.1.1687 an Clamor, in dem die nicht genannte Verfasserin ihre Unzufriedenheit mit den finanziellen Regelungen
mitteilt, die vor der Heirat zu treffen waren. Abb. 4 zeigt
die Anschrift und einen Auszug zum Handvergleich.[16a]
Diese Hand ist auf eine lateinische Schriftvorlage zurückzuführen; die Schreiberin wechselt aber zu einer "deutschen"
Schrift über, wenn sie die Sprachen wechselt (vgl. Z. 29 im
Brieftext, Abb. 4). Auch in Text 3 (Abb. 3) werden beide
Schriftarten eingesetzt; die lateinische begegnet aber nur in
der Überschrift und in den französischen Wörtern, mit denen
dieser hochdeutsche Text gespickt ist (z.B. Z. 36).
Der Gebrauch von unterschiedlichen Schrifttypen in Verbindung
mit unterschiedlichen Sprachen ist ein bekanntes Phänomen der
frühen Neuzeit[17]. Aufschlußreich für diesen Fall sind die Verhältnisse, die Cornelissen 1984 für das preußische Gelderland
im 18.-19. Jh. feststellt: Dort steht der lateinische Schrift-
typus im engen Zusammenhang mit der Erlernung der niederländischen Schriftsprache, während deutsche Schriften nur von
denjenigen Schreibern benutzt werden, die auch Deutsch als
Schreibsprache und damit eine deutsche Schrift gelernt hatten
(Cornelissen 1984,297ff)[18].
Aus dem Brief vom 12.1.1687 geht hervor, daß Anna Maria Hollän-
derin war, und als solche wird sie in der Familiengeschichts-
schreibung tradiert (Zeitung 10(1921)118). Zur Zeit ihrer Ver-
mählung war sie zweifellos eine gebildete, geschäftstüchtige,
selbstbewußte Frau von 45 Jahren, die sich mühelos in zwei
Fremdsprachen (Deutsch, Französisch) schriftlich ausdrücken
konnte, die als Küsterin im Kloster zu Herford an dem Umgang
mit Untertanen gewöhnt war (in ihrer "Instruction" meine ich
einen klösterlichen Ton herauszuhören), und die als einzige
der vier v.d. Bussche'schen Ehefrauen in drei Generationen ih-

ren Ehevertrag eigenhändig unterschrieb (s. Abb. 5).
Obwohl diese idiosynkratische, übergroße Unterschrift beim
ersten Anblick vielleicht nicht als die der Hand von Text 3
und vom Brief (Abb. 3 bzw. 4) zu erkennen sein mag, zeigen Vergleiche der Majuskeln, insbesonder A und H, Übereinstimmungen,
die die Anna Maria Gräfin von Horne als die Schreiberin aus-
weisen.

Eine genaue Bestimmung des Terminus "Hochdeutsch" in bezug auf
Text 3 steht noch aus: Es scheint sich zumindest nicht um eine
als "Süddeutsche Reichssprache" zu bezeichnende Variante zu
handeln, die hier womöglich zu erwarten wäre[19]: Der Text enthält z.B. keine p- für /b/-Schreibungen und zeigt wenig Synko-
pen und Apokopen; die hochdeutsche Diphthongierung ist konsequent durchgeführt; keine ai-Schreibungen für ei wurden notiert. Andererseits gibt es Anzeichen dafür, daß die Verfasserin mit niederdeutschen/niederländischen/rheinischen Schreib-
weisen vertraut war: Neben dem häufigen Dehnungs-h begegnet
das nachgestellte e als Vokallängezeichen: allemael 183-9 neben allemahl 183-34. Ganz frei von Interferenz-Erscheinungen
scheint der Text auch nicht zu sein: Der Fachausdruck tal
spinnen[20] müßte hochdeutsch Zahl spinnen heißen, und anter
handen 183-32 scheint eine deutsch-niederländische Mischform
zu sein. Es sind keine weiteren einschlägigen Beispiele in
diesem kurzen Text zu finden, denn er bricht nach der Überschrift für den neunten Absatz ab.

Warum blieb diese sorgfältig geschriebene "Instruction" ein
Fragment?[21] Anna Maria ist erst 1740 als achtundneunzigjähri-
ge kinderlose Witwe gestorben - in Bielefeld, wo sie und Clamor mindestens seit 1719 in Abwechslung mit Ippenburg wohnten
(Zeitung 6(1913)64). Wahrscheinlich wurde die Hausführung erst
nach Clamors Tod 1723 an die nächste Generation weitergegeben.
Ein Ippenburgisches "Hauß- und Lager=búch" (StAOs Dep 40b Nr
845) wurde seit 1728 von einem Neffen (Sohn des Bruder Johann),
Ernst August Philipp geführt. Aber es liegen für die ca. 30
Jahre zwischen Anna Marias Text und dem "Hauß- und Lager=
búch" noch einige Texte vor, die zur Klärung dieses Falls bei-
tragen könnten: Es gibt einerseits die schon erwähnten (Anm.
16) Texte aus den Jahren 1690-91, als Clamor einen neuen Ver-

walter anstellte und selbst eine umfangreiche Anweisung ver-
faßte (S. 189-206). Kurz davor ließ er den ehemaligen Haus-
verwalter Hermann Gronemeyer seine Erinnerungen über die Hausführung (der guten alten Zeit?) unter seiner Mutter Catherina
Elisabeth aufschreiben (S. 79-85). Es scheint also einen Zeitpunkt gegeben zu haben, nach dem der häusliche Betrieb nicht
mehr in der traditionellen Weise geführt wurde: Denn die ab-
gebrochene "Instruction" der Anna Maria läßt vermuten, daß sie
auch aufgehört hat, die damit verbundene Aufsicht durchzufüh-
ren, und daß unorthodoxe Umstände in der Hausführung geherrscht
haben, bis Clamor selbst 1691 eine Regelung traf. (Schon während seiner ersten Ehe wird der Haushalt kaum fest in der Hand
seiner kränkelnden Frau Anna Elisabeth gewesen sein). Seitdem
ist die Hausverwaltung von Männerhand dokumentiert. Auch der
Nachzüglertext in diesem Sammelband, eine "Instruction" vom
Jahre 1757, ist von einem Verwalter namens Itzenger (S. 163-
166).

Eine letzte Textgruppe bleibt zu berücksichtigen, die mit den
drei schon besprochenen Hausordnungen eng zusammenhängt. Völlig aus dem Rahmen scheint die große, krakelige Schrift von
Text 4 zu fallen (Abb. 6). In all den Akten dieser Familie,
die ich eingesehen habe, kommt sie anscheinend nur hier vor,
auf S. 153 und auf S. 154, Z. 1-4; danach setzt eine andere
Hand (s.u.) den Text fort, der bis S. 156, Z. 21 reicht. Danach, dick eingekreist und quer zur Schreibrichtung, taucht
die Hand von S. 153 mit einer Notiz zur Fastnacht wieder auf
("Zú fastelabent krgtdas gesinde vor 3 pennigh hete weggen").

Neben der gouvernantenhaften "Instruction" Anna Marias (Text
3), neben Heilwigs ordentlichen Notizen (Text 1) mit Catharina
Elisabeths sorgfältigen Nachträgen (Text 2), neben den feier-
lichen Aufzeichnungen H. Gronemeyers, neben Clamors vierzig-
plus "articulln" wirkt dieser Text zumindest unseriös. Es
scheint sich um eine Ab- oder Mitschrift zu handeln: Vgl. die
vielen Nachträge, Zusätze, Nachbesserungen u.ä.; auch die
Trennungs- und Einfügungslinien deuten auf Versuche, im Nach-
hinein dort Ordnung einzubringen, wo beim ersten Hinsehen oder
-hören nicht richtig aufgeschrieben worden war.

Die Fortsetzung dieses Text auf der folgenden, verso-Seite

(Abb. 7) ist in derselben Hand wie die Aufzeichnungen von
Clamor auf S. 189-206. Da es sich bei letzteren um eine Kopie
handelt - es fehlen die angekündigten Unterschriften - ist
anzunehmen, daß die Hand nicht die von Clamor selbst ist, sondern von einem Schreiber. Auf jeden Fall läßt sich hierdurch
die Hand von S. 154-156 ungefähr einordnen: sie stammt von jemand, der in der Hausverwaltung wichtig war. Die Möglichkeit,
daß es sich um spätere Abschriften handelt, läßt sich u.a.
durch einen letzten Textvergleich ausschließen: Auf S. 75-78
steht ein "Ippenburgische Haus ordre", die entweder die Vorlage für oder eine Ausführung von Text 4 darstellt. Dieser
Text ist von derselben Hand, die Clamors Text und die Fortsetzung von Text 4 schrieb. Es ist höchst unwahrscheinlich,
daß ein Kopist sich die Mühe gemacht hätte, einen Text wie den
auf S. 154-156 (die Fortsetzung von Text 4) abzuschreiben, wenn
eine Vorlage wie die "Haus ordre" schon vorhanden gewesen wäre.

Wie erklärt sich dann Text 4? Die einfachste Erklärung für die
Beziehungen zwischen diesen Texten scheint mir zu sein, daß
jemand etwas vorgelesen oder diktiert hat, was die Hand von
Text 4 aufschreiben sollte. Da der oder die Schreibende sich
offensichtlich mit der Aufgabe schwer tat, hat Clamor oder
sein Schreiber den Text fortgesetzt und eine Ausfertigung, die
"Haus ordre" gemacht. Wer kann Text 4 geschrieben haben?
Und warum wurde eine so chaotische Vorlage ins Familienarchiv
überhaupt aufgenommen, gerade wenn der Inhalt sowieso schon
festgehalten wurde?
Die Überlegungen zur Schrift, die anhand von Text 3 ("Instruction") gemacht wurden, lassen eine Verbindung zur niederländischen Schriftsprache herstellen. Auch einige sprachliche
Formen lassen den Text sprachgeographisch in Richtung Rheinland oder noch weiter westlich orten, obwohl diese Bestimmung
keineswegs als gesichert gelten kann. Der Konsonantismus ist
weitgehend ein unverschobener: _pannekuke_ 153-5', _pont_ 153-30,
muten 153-24, _gorte_ 153-15 (Haus ordre: _grütze_ 15-27), _midde-_
woghe 153-5, _melck_ 153-7. Aber: _milgh_ 154-4, _zu_ 153-5 et passim,
wurzenlen 153-9'. Die letzten beiden Fälle scheinen wortgebun-
den und nicht systematisch zu sein. Die Form _daas_ 153-26 zeigt
neben dem "verschobenen" _s_ eine Vokalverdoppelung, die an nie-

derländische Schreibungen erinnert; sonst wurden keine ein-
deutigen Vokallängezeichen notiert. Die wenigen Belege, die
für hochdeutsche Diphthongierung einschlägig sind, sind wider-
sprüchlich: winaghten 153-28, hilgen 153-30, brei 153-4 et
passim, freidagh 153-13; lú 153-21 et passim ("Leute"), neiien
iar 153-27 ("Neujahr"). Eine auffällige diphthongierte Form
ist das Wort toúte 153-35, 36, taúte 153-27 et passim; es ist
eher mit dem rheinländischen Täute (DWB) oder dem niederländischen tuit in Zusammenhang zu bringen, als mit dem mittelniederdeutschen tôte; in der hochdeutschen "Haus ordre" ist
sipkannen 76-10 die entsprechende Form. Auf der nächsten Seite
schreibt diese Hand allerdings auch kanne 154-1,3(Nachtrag),
bevor sie mit Z. 4 aufhört.
Hauptcharakteristikum dieses Textes ist die Häufigkeit von
Formen, die entweder als sprechsprachlich oder als ad hoc zu
bezeichnen wären, denn es entsteht der Eindruck, daß der/die
Schreibende nach ganz wenigen gelernten grapho-phonologischen
Regeln eine gesprochene Sprachform verschriftlicht hat. Das
Fehlen von schriftsprachlich üblichen Vokallängezeichen wie
nachgestelltem Vokal (i, y, e) oder h ist auch in diesem Zusammenhang zu verstehen. Formen wie morghn 153-3, abens 153-
5, 12, gesende 153-18, fras lú 153-21, unt 153-21 können als
sprechsprachlich zu werten sein. Andere auffällige Formen
signalisieren Flüchtigkeit und/oder Schreibungewohntheit:
stipmegh 153-10 (Haus ordre: Stipmilch 75-16), krgen 153-22
krght 156-6, kight 154-4 neben kright 153-26.
Eine definitive Einordnung der schriftsprachlichen Form dieser
idiosynkratischen Hand muß auf die Expertise anderer warten.
Zu vorsichtigen Spekulationen über die Identität der/des
Schreibenden gibt es aber jetzt schon eine Vielzahl von An-
haltspunkten: Es war kein gebildeter, schreibgeübter Mensch,
und keiner, der das Schreiben am Beispiel einer deutschen
Schrift gelernt hat. Es war aber eine Person, die für diese
mächtige, selbstbewußte Adelssippe wichtig genug war, daß diese äußerst unpassenden Aufzeichnungen ins Familienarchiv aufgenommen wurden. Es muß sich um jemand aus der nächsten Nähe
der Person handeln, die als einzige in der Familie eine Verbindung zu den Niederlanden darstellt, und das ist die Anna

Maria Gräfin v. Horne, Verfasserin von Text 3 ("Instruction").
Es könnte eine alte Dienerin von zu Hause gewesen sein, die
Anna Maria schon im Kloster zu Herford bei sich hatte, die,
nach Ippenburg mitgekommen, vergeblich versucht hat, die haus-
eigenen Anweisungen (für sich?) aufzuschreiben; nach diesem
mißglücktem Versuch hat sie aufgehört, sich schriftlich nützlich machen zu wollen.

Nach einer kühneren Hypothese hätte Anna Maria selbst - nach
einer drastischen Veränderung ihres Geisteszustandes - diesen
Text schreiben können. Die Schrift hat ja nicht nur von der
Größe her Ähnlichkeiten mit der Unterschrift von dem Ehevertrag (Abb. 6). Auch die unvollendete "Instruction" ließe sich
auf diese Weise erklären. Und die Tatsache, daß fast nichts[22]
über diese Frau herauszufinden war - es hat scheinbar keine
Leichenpredigt gegeben -, gibt zu denken.

Solche Überlegungen bleiben jedoch ohne zusätzliche Informa-
tionsquellen rein spekulativ. Auch ohne diese Personenidenti-
fikation zeigt diese Fallstudie, daß sprachliche Verhältnisse
im 17. Jh. - selbst in einer wohlhabenden Familie, deren
(männlichen) Mitgliedern das ganze Spektrum gesellschaftlicher
Möglichkeiten offen stand - von einer Komplexität und Hetereo-
geneität gekennzeichnet sind, die auf keinen Fall mit einem
linearen Entwicklungsmodell zu beschreiben wären. Die sprachliche Untersuchung von alltäglichen Gebrauchstexten in Zusammenhang mit deren Einbettung in das Geflecht von Zeit, Ort
und Personen ihrer Entstehung bietet Informations- und Er-
klärungsmöglichkeiten zur Erforschung von Frauengeschichte,
die nicht ungenützt bleiben sollen[23].

Anmerkungen

1 Im Niedersächischen Staatsarchiv Osnabrück (StAOs), Signa-
tur Dep 40b Nr. 837. Für die großzügige Anwendung seiner
Expertise auf die Frage der Datierung des Einbandes (und auf
zahllose weitere Fragen!) bin ich Herrn Dr. Mohrmann vom
StAOs zu Dank verpflichtet.

2 Die Bestände der Privatarchive dieser großen und seit Anfang
des 17. Jh.s weitverzweigten Familie kamen nach dem zweiten
Weltkrieg größtenteils ins StAOs. Das frühe Geschichts- und
Selbstbewußtsein der Familie läßt sich z.B. anhand einer
Chronik belegen, die der Familiensekretär und bischöfliche
Notar Abel Meyer - wohl im Auftrag - 1631 schrieb (StAOs Dep
40b Nr 1, abgedruckt in: Geschichte 1887, Anhang). S.a.
Stammbaum im Anhang.

3 Hier bestehen methodologische und theoretische Beziehungen
zwischen sprachhistorischen Fragestellungen und moderner
historischer Volkskulturforschung, insbesondere historischer
Familienforschung: "Die Familie und ihre Geschichte erscheint
mehr und mehr als ein Mikrokosmos der gesellschaftlichen Verhältnisse, und die historische Familienforschung verfügt
über den unverkennbaren forschungsstrategischen Vorteil, daß
sie nahezu unangefochten von Repräsentativitätserwägungen,
mit denen man wissenschaftliche Innovationen ansonsten gerne
beschwert, die großen Fragen der gesellschaftlichen Entwicklungen im anschaulichen Rahmen kleiner sozialen Einheiten einfangen und dort gleichermaßen struktur- und kontext-
bezogen verarbeiten kann." (Schindler 1984, 49-50.)

4 Mit den Textausgaben (Geschichte 1887) und genealogischen
Arbeiten von G. v.d. Bussche Ende des 19. Jhs. und mit der
"Von der Bussche'schen Familienzeitung", die zwischen 1911
und 1922 elf Mal erschien, erreichte die Erforschung dieser
Sippe einen Höhepunkt (letztere im Folgenden als "Zeitung"
mit Nummer, Jahr und Seite zitiert).

5 Zur Explikation dieses Terminus im Kontext kulturanalytischer
Sprachwissenschaft s. Maas 1985b.

6 Vgl. die entsprechende Stelle bei Maas 1985a, der so fortführt: "Wer damals schrieb, mußte sich auf seine Weise einen
Reim auf die konfusen (nicht nur Schreib-)Verhältnisse ge-

macht haben. Dieser "Reim" mußte aber vor allem darin bestehen, der Vielfalt von kulturellen Mustern eine Orientierung zu geben, die sie kognitiv zu integrieren erlaubte. Die
jeweiligen kulturellen Muster für die Schreiber konnotierten
unterschiedlich bewertete kulturelle Praxen, über deren Bewertung dann die eigene Praxis kontrolliert wurde. Die Anstrengungen der Schreiber, zu einer solchen Integration der
Vielfalt zu kommen, mußte Spuren in ihren Schreibproduktionen
hinterlassen, die nun als Indizien der Rekonstruktion der damaligen Schreibpraxis dienen können. Langfristig besteht bei
einer solchen Forschung dann die Hoffnung, von einzelnen
Fallstudien aus zu vorläufigen, aber dann doch plausibel ge-
machten Aussagen über die sprachlichen Verhältnisse in einer
Stadt wie Osnabrück in der frühen Neuzeit zu kommen."

7 Auch hier sehe ich Verbindungen mit der modernen Volkskulturforschung, deren Anliegen es ist, dem Forschungsobjekt
mit Respekt gegenüberzutreten. (Vgl. Schindler 1984, 74-
77.) Vgl. auch schon Johann Andreas Schmeller in einem Brief
an Jacob Grimm vom 25.1.1822: "& so werden unsre Nachfolger
noch manches sehen, was uns zehnmal entgangen war. Deswegen
wäre ich auch dafür, bei der Edition aller Monumente, die
weñ schon absurd scheinenden orthographischen & andern Eigen-
heiten der Codices nie so geradehin nach der Theorie zu ver-
bessern [...]".

8 Hier werden nur minimale Erläuterungen zu den Abschriften
ad hoc gemacht; für eine detaillierte Darstellung der Grundzüge der hier angewendeten Editionsverfahren s. McAlister-
Hermann 1984, 71-77.

9 Zu den methodischen und theoretischen Überlegungen, die mit
dieser Forschungsstrategie zusammenhängen, s. Maas 1985a.

10 Die Brüder Clamor (*1640+1723) und Albrecht Philipp (*1636
+1698) v.d. Bussche waren z.B. 1663-64 in Italien und Frankreich zusammen unterwegs (Zeitung 4(1913)53). Ihr jüngerer
Bruder Johan (*1642+1693) konnte seine Französischkennt-
nisse 1663-66 vor Ort vervollständigen; 1669 hatte auch er
"die Gelegenheit, Venedig, Rom, Neapolis und andere berühmte
Oerter zu sehen." (Zeitung 4(1912)46).

11 Z.B. StAOs Dep 24b IV Nr 1637, Brief Heilwigs an Gerdt Clamer
v.d. Bussche zu Hünnefeld, Bruder ihres verstorbenen Mannes,

wegen eines anzustellenden Küsters, undatiert, jedoch mit der Unterschrift: =heilewich van monkhúsen wedwe van dem bússche", daher nach dem Tode von Albert am 16.3.1602 und vor dem von Gerdt Clamor (*1572+1614).

12 Vgl. z.B. die Darstellungen von Sodmann 1973 oder Gabrielsson 1983 (beide mit ausführlicher Bibliographie zu den zahlreichen Einzelstudien über den Übergang zu hochdeutschen Schriftsprachformen in norddeutschen Städten).

12a D.h. jung verglichen mit anderen Familienmitgliedern wie z.B. Anna Maria Gräfin v. Horne, die erst mit 45 heiratete.

12b Hier mit graphischer Andeutung typisch norddeutscher Vokaldehnung in offener Silbe.

13 Clamor erhielt die Ippenburgische Erbherrschaft von seinem Bruder Albrecht Philipp (*1639+1698), der damals in Hannover mit seiner Karriere als Diplomat beschäftigt war. Vgl. Bodemann 1882 und Zeitung 4(1913)52-53.

14 Beispiele hierfür lassen sich in jeder Fallstudie über den Übergang von der niederdeutschen Schriftsprache zur hochdeutschen finden; vgl. die Literaturangaben bei Sodmann 1973 und Gabrielsson 1983. S.a. Osnabrücker Gerichtsprotokolle aus den Jahren 1592 und 1618 abgedruckt in: Maas/ McAlister-Hermann 1984, 152-179.

15 Ein Beispiel für einen Text, in dem die Anstrengungen des Schreibers, hochdeutsch zu schreiben unübersehbar sind, findet sich in meiner Fallstudie über Osnabrücker Ehescheidungsakten des 17. Jhs. (McAlister-Hermann 1982, 140-141,148).

16 Die Datierung von Text 2 wurde indirekt erschlossen: Auf S. 184, Z. 2-4 heißt es: "Wan etwas zu thún, wor ein sie sich nicht wohl finden kan, mit here Veltman zu wort zu gehen, auch wohl mit gronemeiier sodie alte gebreúchen bekant sint". In einer ausführlichen Anweisung von Clamor vom 24.2.1691 im selben Sammelband, S. 189-206, wird Georg Engelhard Tollen als Nachfolger vom Verwalter Jobst Caspar Veltman genannt (S. 190, Z. 16-17). Hermann Gronemeyer war Verwalter unter Catherina Elisabeth (Verfasserin von Text 2) gewesen, wie er selber 1690 schrieb (S. 79 im Sammelband). Da Anna Maria erst 1687 Hausherrin wurde, muß der

Text zwischen Februar des Jahres und Oktober 1691 entstanden sein.

16a Nicht nur für die Hilfe bei der Übersetzung des französischen Texts, sondern und vor allem auch für seine Ermutigung und Unterstützung bei meiner Arbeit der letzten Jahre danke ich Utz Maas.

17 Vgl. Sturm 1961, 74ff. Osnabrücker Protokolle des späten 16. und frühen 17. Jhs. zeigen lateinische Schriften in Verbindung mit lateinischen Sprachelementen; das Vorkommen verschiedener Schrifttypen in der handschriftlichen Vorlage wird hier wie in unseren Protokollabschriften (Vgl. Anm. 14) mit unterschiedlichen Schreibmaschinenschriften angedeutet: Der Courier-Kugelkopf wird bei deutschen Schriften eingesetzt, während lateinische mit dem Letter-Gothic-Kopf angedeutet werden. Im laufenden Text wird hier aus technischen Gründen diese Unterscheidung nicht gemacht.

18 Obwohl ich keinen Hinweis auf verschiedene Schriftarten in Taubkens Studie über die sprachlichen Verhältnisse in Lingen finde, ist das Vorkommen von lateinischen Schriften in Verbindung mit niederländisch geschulten Schreibern in seinem Material anzunehmen. Zur Unterscheidung von niederländischen, niederdeutschen und hochdeutschen Texten setzt er nur schriftsprachliche (meist auf phonologischen Unterschieden beruhende) Merkmale ein (Taubken 1981,40-44).

19 Zur "Süddeutschen Reichssprache" s. Mattheier/Hoffmann 1985; s.a. Mattheier 1981.

20 "Zahl spinnen" bezieht sich auf die Herstellung von Garn mit einer bestimmten Fadenzahl (DWB).

21 Daß selbst ein Textfragment ins Familienarchiv kommt, wenn es von gräflicher Hand stammt, dürfte nicht überraschen.

22 Auch die familieneigenen Ahnenforscher haben nicht viel über diese Person herausbekommen. Die Angaben in der Familienzeitung sind knappe sechs Zeilen, die außer Elternname, Geburtsdatum, Beruf, Hochzeits- und Todestag und -ort nichts enthalten. "Mehr habe ich leider nicht feststellen können" seufzte der/die Schreibende (Zeitung 4(1913)64).

23 Als Forschungsdesideratum wäre zu klären, inwiefern der Regiewechsel in der v.d. Bussche'schen Hausführung nur eine

idiosynkratische Entwicklung innerhalb dieser Familie gewesen ist oder mit allgemeineren gesellschaftlichen Entwicklungen in Zusammenhang zu bringen ist.

Literatur

Bussche, Gustav von dem 1887. Geschichte der von dem Bussche. Erster Theil: Regesten und Urkunden mit 20 Stammtafeln. Hameln: Niemeyer

Bodemann, Eduard 1882. Briefe an den kurhannoverschen Minister Albr. Phil. von dem Bussche von der Herzogin [Kurfürstin] Sophie, der Erbprinzeß Sophie Dorothee [Herzogin von Ahlden], der Aebtissin von Herford: Elisabeth von der Pfalz, Leibniz und der Frau von Harling, aus den Jahren 1677-1697. In: Zeitschrift des historischen Vereins für Niedersachsen, 129-214.

Cornelissen, Georg Adalbert 1983. Das Niederländische im Preußischen Gelderland und seine endgültige Ablösung durch das Deutsche. Diss. phil. Bonn

Fahne, A[nton] von Roland 1858. Geschichte der Westphälischen Geschlechter mit besonderer Berücksichtigung ihrer Übersiedlung nach Preußen, Kurland und Liefland. Cölln: Heberle (Lempertz). Reprint Osnabrück: Zeller 1966

von dem Bussche'schen Familienzeitung, hg. von Georg Freiherr von dem Bussche-Haddenhausen, 1(1911)-12(1922)

Gabrielsson, Artur 1983. Die Verdrängung der mittelniederdeutschen durch die neuhochdeutsche Schriftsprache, in: Handbuch zur niederdeutschen Sprach- und Literaturwissenschaft, hg. von Gerhard Cordes und Dieter Mohn. Berlin: E. Schmidt, 119-153

Maas, Utz 1985a. Die sprachlichen Verhältnisse in Osnabrück zu Beginn des 17. Jhs., erscheint in: Proceedings der Konferenz "Interpretative Sociolinguistics II: Dialects, Linguistic Variation and Convergence". Konstanz

Ders. 1985b. Konnotation, in: Politische Sprachwissenschaft. Zur Analyse von Sprache und kultureller Praxis, Franz Januschek, Hg. Opladen: Westdeutscher Verlag, 71-95

Ders. und Judith McAlister-Hermann, Hgg. 1982, 1984. Materialien zur Erforschung der sprachlichen Verhältnisse in Osnabrück in der frühen Neuzeit I, II. Osnabrück: Universität

Osnabrück, Fachbereich Sprache, Literatur, Medien

McAlister-Hermann, Judith 1983. Mestmaker contra Mestmaker.
Ehescheidungsakten aus dem 17. Jh. als Beleg für die Um-
stellung auf Hochdeutsch in Osnabrück, in: Literatur und
Sprache im historischen Prozeß. Vorträge des Deutschen
Germanistentages Aachen 1982, hg. von Thomas Cramer, Bd.
2: Sprache. Tübingen: Niemeyer, 130-149

Dies. 1984. Niedergerichtsprotokolle des 16. und 17. Jhs. als
Quelle zur Erforschung der sprachlichen Verhältnisse in
Osnabrück in der frühen Neuzeit. Teil 1: Von der Handschrift zur Abschrift, in: Maas/McAlister-Hermann 1984,
71-188

Mattheier, Klaus J. 1981/82. Das Rechnungsbuch der Elisabeth
Horns. Sprach- und kulturgeschichtliche Bemerkungen zu
einem Kölner Gebrauchstext des späten 16. Jahrhunderts,
in: Rheinisch-westfälische Zeitschrift für Volkskunde
26/27, 31-55

Ders. 1981. Wege und Umwege zur neuhochdeutschen Schriftsprache, in: Zeitschrift für germanistische Linguistik. 98,
272-307

Ders. und Walter Hoffmann 1985. Stadt und Sprache in der neueren deutschen Sprachgeschichte: Eine Pilotstudie am Beispiel von Köln, in: Sprachgeschichte: Ein Handbuch zur
Geschichte der deutschen Sprache und ihrer Erforschung,
hg. von Werner Besch, Oskar Reichmann, Stefan Sonderegger.
Berlin, New York: de Gruyter Bd. 2,2, Art. 160

Neue deutsche Biographie 1957. Historische Kommission bei der
bayerischen Akademie der Wissenschaften, Hg. Bd. III. Berlin: Duncker & Humblot

Schindler, Norbert 1984. Spuren in die Geschichte der "anderen" Zivilisation. Probleme und Perspektiven einer historischen Volkskulturforschung, in: Volkskultur. Zur Wieder-
entdeckung des vergessenen Alltags (16.-20 Jh.), hg. von
Richard von Dülmen und Norbert Schindler, Stuttgart:
Metzler (=Sammlung Metzler 79), 13-77

Sodmann, Timothy 1973. Der Untergang des Mittelniederdeutschen

als Schriftsprache, in: Niederdeutsch. Sprache und Literatur. hg.von Jan Goossens, Bd. 1: Sprache. Neumünster:
Wachholtz, 116-129

Sturm, Heribert 1961. Unsere Schrift. Einführung in die Entstehung ihrer Stilformen. Neustadt/Aisch: Degener

Taubken, Hans 1981. Niederdeutsch, Niederländisch, Hochdeutsch.
Die Geschichte der Schriftsprache in der Stadt und in der
ehemaligen Grafschaft Lingen vom 16. bis zum 19. Jahrhundert. Köln, Wien: Böhlau (=Niederdeutsche Studien 29)

Archivalien aus dem Niedersächsischen Staatsarchiv in Osnabrück

Signatur	Bezeichnung	Jahr(e)
Dep 24b IV Nr 1637	Verschiedene Korrespondenzen der v.d. Bussche-Hünnefeld	1418-1622
Dep 40b Nr 113	Ehevertrag zwischen Albert v.d. Bussche und Heilwig v. Münch-hausen	1591
Nr 120	Ehevertrag zwischen Philipp Si-gismund v.d. Bussche und Catha-rina Elisabeth v. Wrede	1637
Nr 124	Eheverträge zwischen Clamor v.d. Bussche und Anna Elisabeth v. Hardenberg und Anna Maria Gräfin v. Horne	1678 1687
Nr 837	Haushaltungssachen Ippenburg	1491-1757
Nr 845	Ippenburgisches Haus- und La-gerbuch	1728

Gedruckte Personalschriften aus den Beständen der Niedersächsischen Landesbibliothek in Hannover (LaBiHan) und des Niedersächsischen Staatsarchivs in Osnabrück (StAOs)

Signatur LaBiHan StAOs	Name der/des Verstorbenen	Druckort, -jahr
Cm 106	Albert v.d. Bussche	Lemgo 1602

Cm 379	Heilwiga geb. v. Münchhausen,	
	Wittwe Alberts v.d. Bussche	Bremen 1636
Cm 106	Philipp Sigismund v.d. Bussche	Rinteln 1657
Cm 111	Anna Elisabeth v. Hardenberg,	Bielefeld 1685
	1. Ehefrau Clamors v.d. Bussche	
Dep 24bII		
Fach 35 Nr		
11-12		
Cm 3	Catharina Elisabeth v. Wrede,	Bielefeld 1693
	Wittwe Philipp Sigismunds v.d.	
	Bussche	
Cm 3	Johann v.d. Bussche, Sohn v.	Bielefeld 1693
Dep 40 b	Philipp Sigismund und Catharina	
Nr 115	Elisabeth v. Wrede	
Cm 3	Clamor v.d. Bussche	Bielefeld [1723]
Dep 29bIV		
Nr 360		

Literatur:

Linke, Wilhelm, Hg. Niedersächsische Familienkunde. Ein bio-
graphisches Verzeichnis. Hannover: Geibel 1912

Leichenpredigten im Niedersächsischen Staatsarchiv Osnabrück
[bearbeitet von Wolf-Dieter Mohrmann], Maschinenschrift
1978

ANHANG

Stammbaum der von dem Bussche (Ippenburger Linie, Auszug)

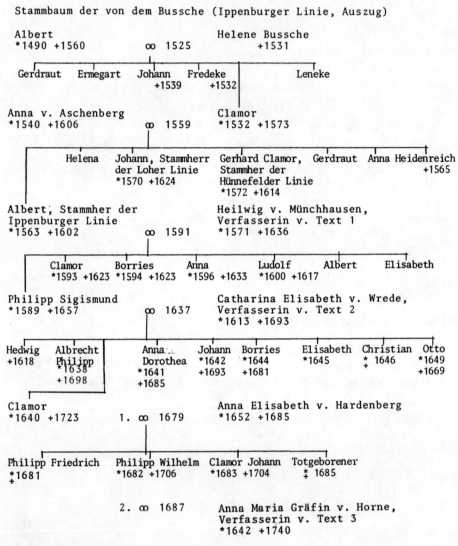

Albert
*1490 +1560   ∞ 1525

Helene Bussche
          +1531

Gerdraut   Ermegart   Johann   Fredeke   Leneke
                      +1539   +1532

Anna v. Aschenberg
*1540 +1606   ∞ 1559

Clamor
*1532 +1573

Helena   Johann, Stammherr   Gerhard Clamor,   Gerdraut   Anna Heidenreich
         der Loher Linie   Stammher der   +1565
         *1570 +1624   Hünnefelder Linie
                              *1572 +1614

Albert, Stammher der
Ippenburger Linie
*1563 +1602   ∞ 1591

Heilwig v. Münchhausen,
Verfasserin v. Text 1
*1571 +1636

Clamor   Borries   Anna   Ludolf   Albert   Elisabeth
*1593 +1623   *1594 +1623   *1596 +1633   *1600 +1617

Philipp Sigismund
*1589 +1657   ∞ 1637

Catharina Elisabeth v. Wrede,
Verfasserin v. Text 2
*1613 +1693

Hedwig   Albrecht   Anna   Johann   Borries   Elisabeth   Christian   Otto
+1618   Philipp   Dorothea   *1642   *1644   *1645   * 1646   *1649
         *1638   *1641   +1693   +1681   +   +1669
         +1698   +1685

Clamor
*1640 +1723   1. ∞ 1679

Anna Elisabeth v. Hardenberg
*1652 +1685

Philipp Friedrich   Philipp Wilhelm   Clamor Johann   Totgeborener
*1681   *1682 +1706   *1683 +1704   ‡ 1685
+

2. ∞ 1687   Anna Maria Gräfin v. Horne,
                   Verfasserin v. Text 3
                   *1642 +1740

Zusammengestellt nach:
Familienzeitung, Geschichte 1887, Fahne 1858, 89

Abb. 1

StAOs Dep 40b Nr 837 Ippenburgisches Hausordnungsbuch 1491-1757, S. 88-89 (ca. 1636, 1678)

TEXT 2 (ohne Z. 1-2)   TEXT 1 (mit Z. 1-2, S. 88)

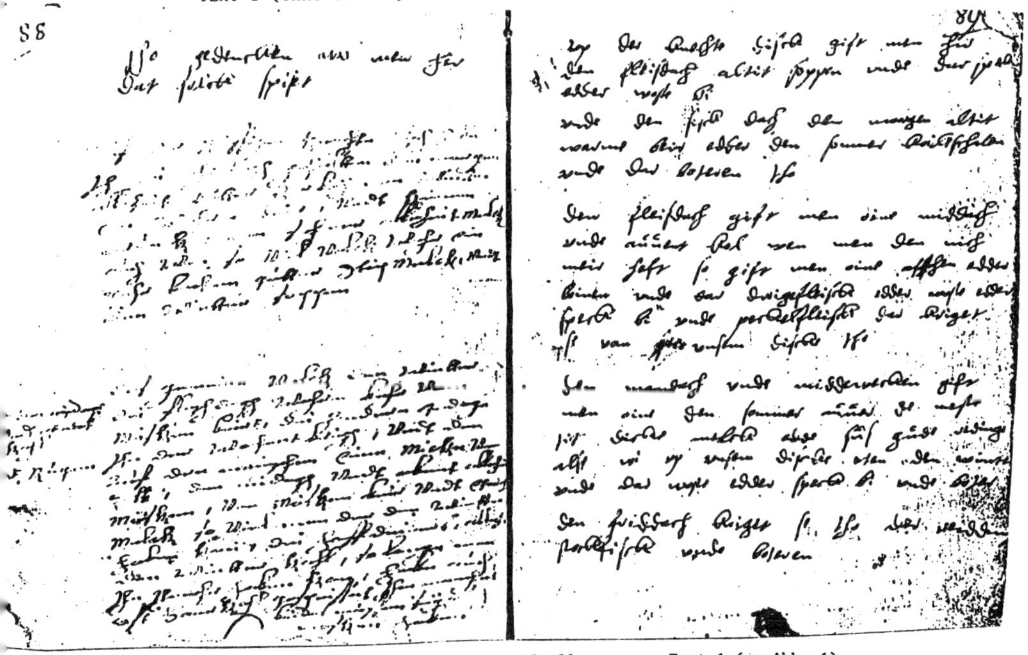

S. 88   Text 2 (zu Abb. 1)   S. 89   Text 1 (zu Abb. 1)

1	tho gedencken wo men hir	1	vp der knechte disck gift men hir
2	dat folck spiset	2	den fleisdach altit soppen vnde dar speck
		3	edder woste bi
3	Aûf der Reissigen knechte disch habe	4	vnde den fisck dach den morgen altit
4	Jch dei ohrnûngh gehalltten den morgen	5	warme beir edder den sommer koileschalen
5	allezeit bûtter dar beÿ den wintter	6	vnde dar boteren tho
6	ein wahrm beir, vndt keinen		
7	drûnck, den sohmer allezeit Melck	7	den fleisdach gift men óine middach
8	aûch wenn so viel volck wahr ein	8	vnd aûûent kol wen men den nich
9	pahr becken gûtter Stip Melck, vndt	9	meir heft so gift men oine af hen edder
10	den wintter soppen	10	boinen vnde dar droigefleisck edder woste edder
		11	speck bi vnde peckelfleisch dar kriget
11	das gemeine volck den wintter	12	se van s..d vnsem disck tho
12	dei flesch dagh wahrm behr vom		
13	Môsken beir, dei anderen 4 dage	13	den mándach vnde middewecken gift
14	Jhn der wochen breigh, vndt den	14	men oine den sommer aûûer de meste
15	Aûf den meinsche einn Micke von	15	tit dicke melck edde sûs gûde vedinge
16	2. pfund, den midagh, vndt abent allezei[t]	16	also wi vp vnsem discke eten den winter
17	Môsken, von Môsken beir vndt etech	17	vnde dar woste edder specke bi vnde boter
18	Melck so viel men der den wintter	18	den friddach kriget se tho der veidding
19	haben kan, dei hoff deiners, alleze[it]	19	stockfisck vnde boteren
20	den wintter kohl, so lange men		
21	Jhn Jhmer haben kan, habe aûch		
22	oft Saûr kohl gespeisset, Jhm mangel		
23	beides mûssen seÿ aûch		
24	môsken haben		

Anmerkungen zu S. 88

1-2 Überschrift von Text 1, S. Anm. 1ff, S. 89
3ff Geschrieben von Catharina Elisabeth v. Wrede,
    *1613 Uhlenburg b. Löhne, +1693 Rinteln, Haus-
    herrin zu Ippenburg 1637-1678 (Ehefrau Philipp
    Sigismunds)
13et passim: Môsken "(Mehl-)Brei"
13 Nach beir einzufügen: den midagh vndt abent kohl
14 Nach wochen einzufügen: Rûgen
15 Micke: "eine Brotart"
17 etech "Essig"? In der Druckausgabe fehlt dieses
    Wort (Geschichte 1887, 162), das in der hoch-
    deutschen Bearbeitung als etwas gelesen wurde
    (S. 103, Z. 14), da der mögliche Bezug zu mittel-
    niederdeutsch etek nicht erkannt wurde.

Anmerkungen zu S. 89

1ff Geschrieben von Heilwig v. Mönckhusen, *1573
    Apelern/Deister, +1636 Ippenburg, Hausherrin
    dort 1591-1636 (Ehefrau Alberts)
7et passim: oine "Ihnen"
9   Der dritte Buchstabe in af hen ist durch-
    strichen oder ausgebessert; es handelt sich
    vermutlich um ein Reflex des mittelnieder-
    deutschen Worts erwete, erfte, erwitte,
    arvete, erte "Erbse". Der Editor der Druck-
    ausgabe las "arfen" (Geschichte 1887, 161)
12 s..d getilgt

Abb. 2

StAOs Dep 40b Nr 114, Auszug aus dem Ehevertrag zwischen Heilwig
v. Mönckhusen und Albert v.d. Bussche, 1591

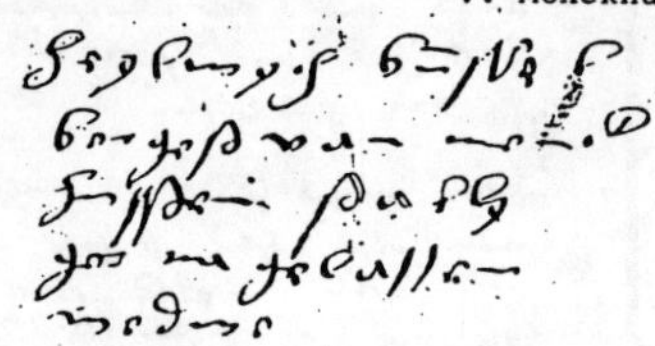

Heylwych búske b
borgeß van monck
hußen ßallg
ger na gelassen
wedwe

Übersetzung: Helwig Busche [b aus Platzgründen getilgt], Börries
von Münchhausen, sehliger [ein g nach ll getilgt], nachgelassene
Wittwe

StAOs Dep 40b Nr 837, Ippenburgisches Hausordnungsbuch, 1491-1757

Abb. 3

S. 183, zwischen 1687 und 1691

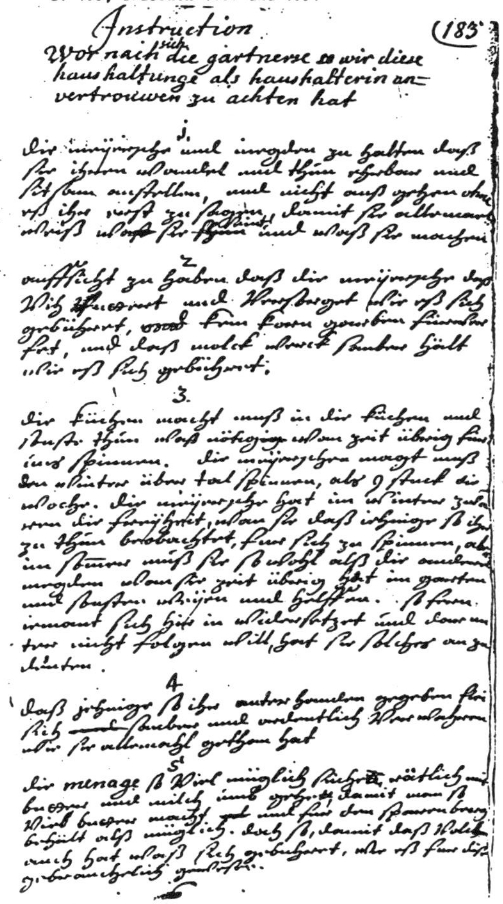

S. 183   Text 3 (zu Abb. 3)

Instruction .

1. Wor nach die gartnerre so wir diese
   haushaltunge als haushalterin an=
   vertrouwen zu achten hat

1.

2. die meyersche und megden zu halten daß
   sie ihren wandel, und thůn ehrbar und
   sitsam anstellen, und nicht außgehen ohne
   eß ihn erst zu sagen, damit sie allemael
   weiß woj sie s, inn ſnd waß sie machen

2

3. auffsicht zu haben daß die meiersche daß
   Vih Vutteret und Versorget wie eß sich
   gebůhret, und kein korn garben fürwere
   fet, und daß molck werck sauber hält
   wie es sich gebůhret.

3

   die küchen macht muß in die küchen und
   sonste thůn waß nötig wan zeit übrig für
   uns spinnen. die meiersche magt muß
   den winter über tal spinnen, als 9 stuck die
   woche. die meiersche hat im winter zwa
   ren die freiheit, wan sie daß lehnige so ihr
   zu thůj beobachtet, fur sich zu spinnen, aber
   im sommer můs sie so wohl alß die andern
   megden wan sie zeit übrig hat im garten
   und sonsten wellen und helffen. so fern
   iemant sich hir in widersetzet und dar un
   ter nicht folgen will, hat sie solches anzu
   deuter.

4

   daß jehnige so ihr anter handen gegeben fiel
   sich und sauber und ordentlich Verwahren
   wie sie allemahl gethan hat

5

   die menage so Viel müglich sůchete rätlich mit
   butter und milch ümb gehett, damit man so
   bötter macht al und für den sparenberg
   behält alß müglich. doch so, damit daß Volck
   auch hat waß sich gebuhret, wie es fur dise
   gebreuchlich gewesen

6

Anmerkungen zu S. 183

1ff Geschrieben von Anna Maria Gräfin v. Horne, *1642 Baten-
    burg/NL, +1740 Bielefeld, Stiftsfrau und Küsterin im Klos-
    ter zu Herford, Hausherrin zu Ippenburg und Sparenberg (vgl.
    Z. 38)1687-1723(?), zweite Ehefrau v. Clamor.
4   sich eingefügt nach nach
10 woß verbessert in: wo s inn durch seint zu ersetzen
13 Vutteret verbessert in: 'futteret
14,31 urd gestrichen
19 nötigig verbessert in: nötig
21 tal spinnen: s. Anm. 20
27 wellen "sich rühren"
32 anter handen: Vgl. Erläuterung im Text
36 sůchete verbessert in: sůche
38 al gestrichen

Abb. 5

StAOs Dep 40b Nr 124 Eheverträge Clamors v.d. Bussche 1685,1687;
Verzichtserklärung Anna Gräfin v. Horne vom
16.2.1687 (Auszug)

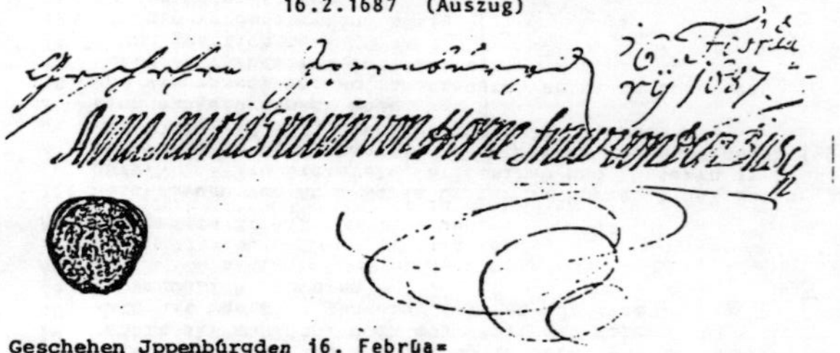

Geschehen Jppenbürgden 16. Februa-
rii 1687.

Anna mariaGravin von Horne FrawvonDemBusch

[Siegel der Anna Maria Gräfin v. Horne]

Abb. 4

StAOs Dep 40b Nr 124 Brief von Anna Maria Gräfin v. Horne
vom 12.1.1687 an Clamor v.d. Bussche

Anschrift, Außenseite

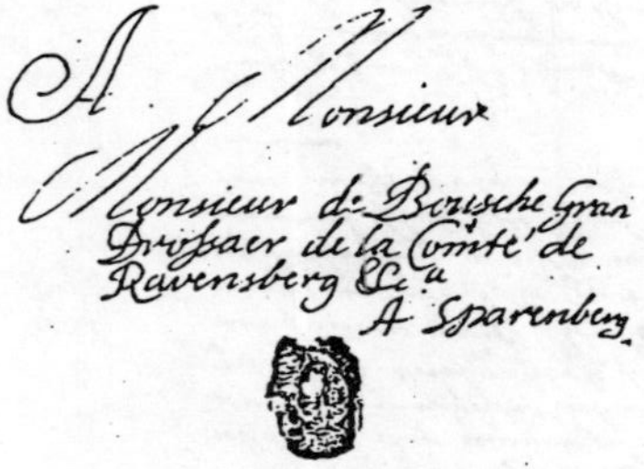

A Monsieur

Monsieur de Bousche Gran
Drossaer de la Comte' de
Ravensberg etcetera

A Sparenberg

[Siegel der Anna Maria
Gräfin v. Horne]

Textauszug, Aussenseite, recto

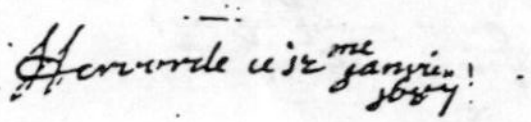

Hervorde ce 12me janvier
1687

Textauszug, Innenseite, verso

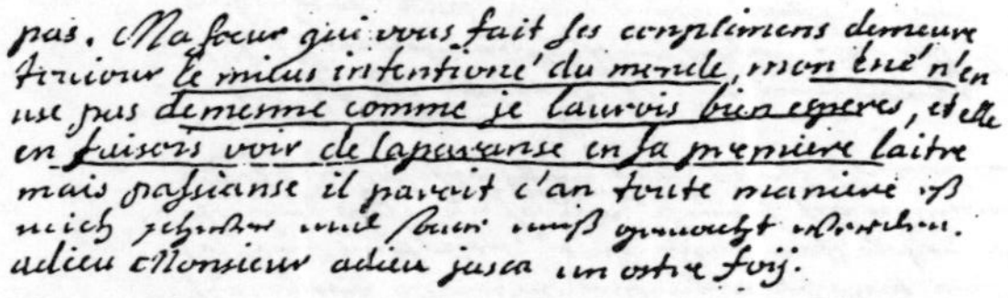

```
24  pas. Ma soeur qui vous fait ses conplimens demeure
25  toujours le mieux intentione'du monde, mon éne'n'en
26  use pas demesme comme je laurois bien esperes, et elle
27  en faisois voir de laparanse en sa premiere laitre
28  mais passianse il paroit c'an toute maniere eß
29  mich schwer und sauer muß gemacht werden.
30  adieu Monsieru adieu jusca un ostre foÿ.
```

(Übersetzung: ... nicht. Meine Schwester, die Ihnen ihre Grüße
ausrichten läßt, ist Ihnen wohlgewogen und ebenso meine ältere
Schwester(?), wie ich es wohl hoffe, und sie hat es in ihrem
ersten Brief schon gezeigt. Aber Geduld! Es scheint, mich auf
jeder Art schwer und sauer gemacht [zu] werden. Adieu, Monsieur,
adieu bis ein ander Mal.)

StAOs Dep 40b Nr 837 Ippenburgisches Hausordnungsbuch 1491-1757, S. 153

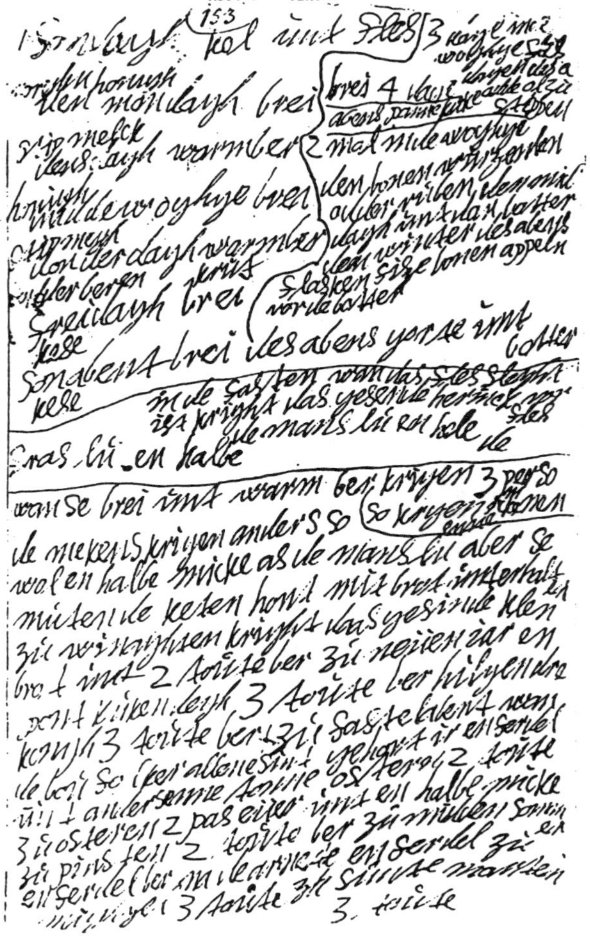

S. 153   Text 4 (zu Abb. 6)

1	Sondagh kol ðnt fles	1'	3 dage inde
2		2'	woghge fles
3	morghn honigh	3'	bregen des a
4	den mandagh brei	4'	brei 4 dage
5		5'	abens pannekuke adde ol zð
6	stip melck	6'	stippen
7	densdagh warmber	7'	2 mal inde woghge
8	honigh		
9	middewoghge brei	9'	den bonen wurzenlen
10	stïpmegh	10'	adder rüben den mid
11	donderdagh warmber	11'	dagh ðnt dan botter
12	adder eren krðt	12'	den winter des abens
13	freidagh brei	13'	flasken fïsze bonen appelen
14		14'	vor de botter
15	kese		botter
16	sonabent brei des abens gorte ðnt		
17	kese		in de fasten wan das fles sleght
18			ist kright das gesende herinck vor
18a			fles
19			de mans 10 en hele de
20	fras 10 en halbe		
21	wan se brei ðnt warm ber krigen 3 perso		
22a			so krgen ïcke nen
22b			enne
23	de mekens krigen anders so		
24	wol en halbe micke as de manslu aber se		
25	müten de keten hont mit brot ðnterhalt		
25a			en
26	zð winaghten kright das gesinde klen		
27	brot ðng 2 toðte ber zð neilen iar en		
28	pont küken degh 3 toðte ber hïlgen dre		
29	kongh 3 toðte ber und zð fastelabent wan		
30	de boð folker allenasit gehort ïr en ferdel		
31	ðnt anderanne tonne osteren 2 toðte		
32	zð osteren 2 pas eïer ðnt en halbe micke		
33	zð pinsten 2 toðte ber zð midden somm		
33a			er
34	en ferdel ber na de arnete en ferdel zð		
35	mïghgel 3 toðte zð sünte marten		
36			3 toðte

Anmerkungen zu S. 153 (S. a. Erläuterungen im Text)

1ff Das hier angewandte Editionsverfahren versucht, die
     Reihenfolge in der Textentstehung gleich zu erfassen,
     statt Nachträge u.ä. im Apprit zu erläutern, um den
     Vergleich zwischen Handschrift und Abschrift zu er-
     leichtern.

3'   wurzeln, fortgesetzt
9.   würzenlen Versehen für wurzeln "Karotten, gelbe Rüben"?
10   stïpmegh Versehen für stïpmelck 6
12   beran krðt "Bärnkraut": honig oder birnkraut S. 75,
     Z.13; genauso in der Fortsetzung dieses Textes von der-
     selben Hand: honig der bonkraut S.156, Z. 5
13' flasken "Kürbis", fïsze kommentar im Text
15   "Grðrbis" is folgender Reihenfolge intendiert:
21-22b Vermutlich ist folgende Reihenfolge intendiert:
     persso brennen micke (Zu micke s. Text 2, Anm. 15.)
27ff pas eïer, toðte: S. Kommentar im Text
32   pas eïer "Ostereier"

Abb. 6   TEXT 4

Abb. 7

StAOs Dep 40b Nr 837 Ippenburgisches Hausordnungsbuch 1491-1757,
S. 154 (Auszug)

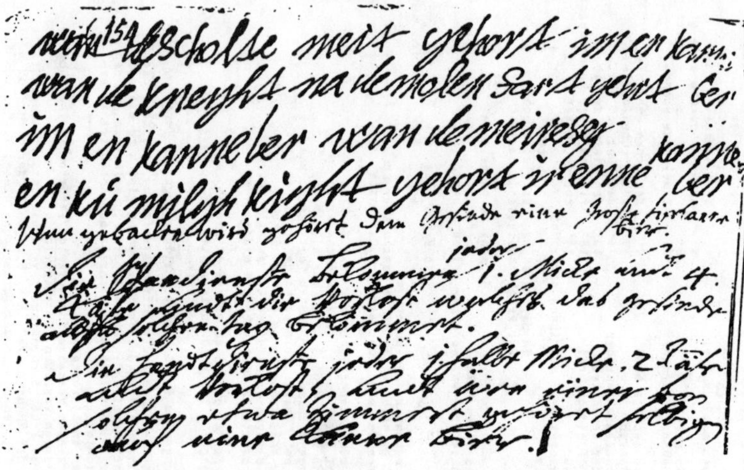

S. 154

```
1    wan descholte meit gehort im en kanne
2    wan de kneght na demolen fart gehrt    ber
3    im en kanne ber wan de meiereseg
4a                                 kanne
4    en kû milgh kight gehort ir enne       ber
5    Wen gebacken wird gehört dem Gesinde eine Große sipkanne
5a                                             bier.
6a                      jeder
6    Die SPandienste bekommen i. Micke Vndt 4
7    Käse Vndt die Vorkost welches das gesinde
8    aûch solchen tag bekommet.
9    die handtdienste jeder i. halbe Micke, 2 Käse
10   Vndt Vorkost, Vndt wen einer Von
11   solchen etwa Zimmert, gehöret selbigen
12   aûch eine Kanne bier.
```

Anmerkungen zu S. 154

1-4 Hand von S. 153 (Text 4)
5ff Hand von S. 189-206 (Clamors Anweisung 1691), die diesen
    Text auf die nächsten S. 154-156 fortsetzt.
1-4 "Wenn der Schulze mäht, gehört ihm eine Kanne Bier; wenn
    der Knecht zur Mühle fährt, gehört ihm eine Kanne Bier;
    wenn eine Kuh der Meiers Frau Milch kriegt, gehört ihr
    eine Kanne Bier" (meiersg "Meiersche"; vgl. Text 3, S.
    183, Z. 6.)
5   sipkanne: Vgl. mittelniederdeutsch sipen "tröpfeln,
    triefen".

Abb. 8

StAOs Dep 40b Nr 837 Ippenburgisches Hausordnungsbuch 1491–1757, S. 75

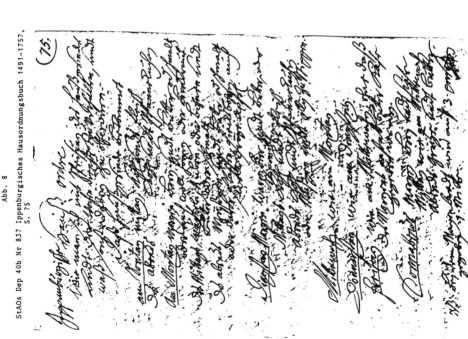

S. 75   (zu Abb. 8)

```
 1  Ippenbürgische Haiß ordre
 2  wie man sich mit Speisung des haußgesinds
 3  Vndt der Wochen dienste Zü Verhalten, Vndt
 4  Was sonst dabeÿ zu observiren
 5      Daß haußgesinde bekommet
 6  am Sontag mittag, Kohl vndt fleish
 7  des abends    Kohl vndt Pfannekuchen
 8  Am Montag morgen breÿ vndt bütter oder shmaltz
 9      oder aüch woll honig oder birnkraüt
10  des Mittags würtzelen, Rüben, oder bohnen vnd
11      bütter oder shmaltz.
12  des abends, müßgen vndt Bütter oder shmaltz,
13      oder davor flashen, fiecksbohnen, aüch
14          woll dröge apfel
15  Dingstag Morgen warm bier vndt bütter, oder
16          Stipmilch
17      Mittags Kohl vndt fleish
18      abendß Kohl vndt Pfannenküchen
19      oder MÜßgen vndt öllii zü stippen.
20  Mittwoch   wie am Montag
21  Donnerstag  wie am Dingstag.
22  freitag   wie am Mittwoche, ohne daß
23          des Morgens anstatt bütter Käse
24          cegeben werde.
25  Sonnabends morgen breii vnd Käse.
26      Mittag wie am Mittwoch
27      abends grütze vndt bütter
28  N.B. bei dem Morgen brodt wird aüff 3. persohnen
29      gegeben 1 Micke
```

Anmerkungen zu S. 75

1ff   Von derselben Hand, die Text 4 fortsetzte(S. 154–156), und
die Clamors Anweisungen S. 189–206 schrieb

1   Nachtrag?

12   et passim: müßgen "(Mehl-)Brei; vgl. Text 2: Mosken 88–13

13   fiecksbohnen entspricht fisze bonen in Text 4 (S. 153,
Z. 13'). Phonetisch plausibel ist der angedeutete laut-
liche Unterschied in den zwei Formen: [fi:ts] bzw.[fi:ks];
süßte der Schreiber aber nicht, daß hier nur "fitzebohnen"
(phaseolus vulgaris) gemeint sein könnten, da "feigbohnen",
mittelniederdeutsch vikbonen (Lupinen) nur als Viehfutter
verwendet würden? Diese Diskrepanz zwischen den zwei Texten läßt Text 4 noch deutlicher als Vorlage für die "Haus
ordre" erscheinen (und nicht umgekehrt).

Klaus P. Schneider

Stereotype und Sprachbewußtsein: Beispiel 'small talk'

Dieser Beitrag entstand im Zusammenhang mit meinem Dissertationsprojekt zur Analyse phatischer Diskurse. Im Mittelpunkt steht hier das alltagssprachliche Verständnis, das Sprecher des Englischen und des Deutschen von dem metasprachlichen Begriff 'small talk' haben. Eine etablierte sprachwissenschaftliche Definition dieses Begriffs liegt übrigens bislang noch nicht vor.[1]

1. Im Oktober 1924 beschloß der 19. Allgemeine Deutsche Neuphilologentag in Berlin die 'kulturkundliche Einstellung' des neusprachlichen Unterrichts (zur Diskussion siehe die ab 1925 erschienenen Neuen Jahrbücher für Wissenschaft und Jugendbildung). Damit war die Forderung an die Hochschulen nach einer entsprechenden Lehrerausbildung und einer ebenso ausgerichteten Forschung verbunden. Was dabei unter Kulturkunde zu verstehen war, zeigt das folgende Zitat von V. Klemperer:[2]

> ...die Erfassung eines Mittleren, das den Einzelnen an eine Menschengruppe bindet und diese Gruppe von der Gesamtheit der Menschen nicht etwa gänzlich abtrennt, wohl aber unterscheidet, die Erfassung gleichbleibender Wesenszüge innerhalb eines Volkes, die Erfassung eines Volkscharakters.

In seiner 1925 erschienenen Monographie "Kultur und Sprache im neuen England" fordert Heinrich Spies, man solle zur "Erforschung der fremden Volkspsyche" nicht länger die "Eliteunterhaltung englischer Höhenmenschen" heranziehen, sondern vielmehr alltäglichere Formen des Sprachgebrauchs untersuchen.[3] Er schreibt:[4]

> Insbesondere ist hier das von Wert, was mit "Small Talk" bezeichnet wird, da dies eine seelische und sprachliche Eigentümlichkeit des Durchschnittsengländers darstellt,...

Sehr viel mehr ist allerdings bei Spies über 'small talk' nicht zu erfahren, außer daß dieser Diskurstyp für den "durchschnittlichen" wie für den "überdurchschnittlichen" Engländer "etwas rein Utilitaristisches" ist[5] - ganz wie es der Volks-psyche entspricht. "Zweckmäßigkeit und Nützlichkeit", schreibt Spies an anderer Stelle, "siegten in England zumeist über die Schönheit, der Sinn für Wirklichkeit über die Phantasie."[6]

2. 'Small talk' ist eine nationale Stereotype. Das Klischee der "Art of talking about nothing"[7], der virtuose Gebrauch von Leerformeln gehört genauso zum (Fremd-)Bild des Engländers wie Schirm, Charme und Melone. Nationale Stereotype, das Bild, das ein Volk sich von einem anderen macht, haben heute, wo man sich nach einer Phase der eher technisch zu nennenden Landeskunde (bisweilen sogar "Landeswissenschaft") wieder auf die positi-ven Traditionen der Kulturkunde, deren Wurzeln weit ins vori-ge Jahrhundert hineinreichen, besinnt, als Objekt philologi-scher Forschung Hochkonjunktur, wie z.B. das Thema der dies-jährigen Wissenschaftlichen Jahrestagung der Deutschen Gesell-schaft für Amerikastudien zeigt: "Die U.S.A. und Deutschland - Ursprünge und Funktionen gesellschaftlicher und kultureller Stereotypen". In der Diskussion stehen funktionale Gesichts-punkte im Mittelpunkt, besonders politisch so brisante Aspekte wie der Mißbrauch von Heterostereotypen als Feindbilder, das Prinzip der Extrapunitivität sowie die Verwendung von Auto-stereotypen im Kontext von Patriotismus und Chauvinismus.[8] Für diesen Zusammenhang sind positive Funktionen wie die denköko-nomische Notwendigkeit stereotyper Vorstellungen zur Verarbei-tung der komplexen Wirklichkeit weitgehend irrelevant.

Dem sozialwissenschaftlichen Gebrauch des Terminus Stereotype, dessen Übernahme aus der Druckersprache in die Sozialpsycholo-gie Walter Lippmann zugeschrieben wird[9], - konkurrierende Be-griffe sind Bild, Image und Klischee[10]-, steht die sprachwissen-schaftliche Verwendung zur Bezeichnung von Routineformeln oder pragmatischen 'idioms' gegenüber. Begrüßungs- und Abschieds-floskeln sind z.B. solche verbale Stereotype.[11]

Auch und gerade diese Verwendung des Begriffs ist natürlich in bezug auf 'small talk' von Belang, besteht er doch in hohem Maße aus präfigurierter Rede und formelhaften Wendungen. In gleicher Weise fixiert und vorhersagbar sind 'small-talk'-

Themen. Als besonders typisch für solche Gespräche, die häufig als Ausdruck der sprichwörtlichen englischen Höflichkeit[12]
(Charme!) dargestellt werden, gilt das Reden über das Wetter
(Schirm!). Die Abhandlung dieses Themas ist immer wieder ein
beliebtes Objekt für Humoristen, die hohe Erwartbarkeit der
Formen und der ritualisierte Ablauf[13] laden geradezu ein zur
satirischen Überspitzung.[14]

Auch den Einstellungen zur Sprache, zum Sprachgebrauch ('language attitudes') gilt in letzter Zeit das Interesse der Linguistik, wie beispielsweise der gerade erschienene Sammelband
"The English Language of Today", herausgegeben von Sidney
Greenbaum, beweist.[15] Es ist die weitgehende Prädeterminiert-
heit von 'small talk', die weder hinsichtlich der Form noch
der Inhalte einen nennenswerten Spielraum für eigene Kreativität läßt, welche für eine ablehnende Haltung zu diesem Diskurstyp, zumindest bei "Nicht-Engländern", verantwortlich ist.
Wer aber nur Form und Inhalt betrachtet, verkennt die soziale
Funktion, die integrierende Wirkung sprachlicher Stereotype.
Malinowski hat dafür den Begriff 'phatic communion' geprägt.[16]

Im Vorfeld meiner pragmalinguistischen Analysen phatischer
Diskurse bin ich der Frage nachgegangen, wie Muttersprachler
und Nicht-Muttersprachler des Englischen den Begriff 'small
talk' füllen, und welche Einstellungen und Wertungen sie damit verbinden.

3. Ein indirekter Zugang zur Intuition der Sprachbenutzer besteht über die jeweilige Nationalliteratur; eine Methode, der
sich auch die an nationalen Stereotypen ebenfalls interessier-
te literaturwissenschaftliche Komparatistik bedient.[17] Metasprachliche Reflexionen zum Thema 'small talk' sind in der
Belletristik vermutlich äußerst selten. Zumindest der Linguist
ist in dieser Hinsicht wohl auf Zufallsfunde angewiesen.

Nicht alle der wenigen mir bekannten Stellen sind besonders
aufschlußreich. Der britische Autor Ian McEwan, der in seinem
Roman "The comfort of strangers" gleich zweimal explizit von
'small talk' spricht, gebraucht den Begriff eher neutral. Es
würde jedoch zu weit führen, die beiden Passagen hier zu interpretieren. Die zweite sei lediglich angeführt, um auf eine

typische Situation zu verweisen.[18]

> The new passengers had found their places,
> but the customary small-talk had yet to begin.

Die Rede ist übrigens nicht von Engländern, sondern von Italienern, Ort des Geschehens ist nämlich Venedig.

Weitaus interessanter ist eine Stelle von John Irvings Roman "The Water Method Man".[19]

> As soon as he spoke, he thought, God, I am
> reduced to making small talk with my son.

Ohne diese Passage zu kennen haben viele Muttersprachler, vor allem Briten, diese der Romanfigur Trumper in den Mund gelegte Einstellung bestätigt. 'Small talk' darf demnach nicht die Gespräche zwischen Verwandten bestimmen, wobei dieser Faktor offenbar eine gewichtigere Rolle spielt als das Interesse der Personen aneinander. Dagegen wird 'small talk' in Arbeiten der Freiburger Forschungsstelle ausdrücklich auch für Gespräche zwischen Verwandten benutzt[20], was ein allgemeineres Verständnis erkennen läßt.

Für deutsche Literaten scheint der Begriff generell negativer als für englischsprachige zu sein. So heißt es im Rückentext zu Hanns Dieter Hüschs Satireband "Hagenbuch":[21]

> "Hagenbuch" ist eine Kunstfigur, die aber einen
> Teil von uns allen verkörpert, nämlich die Per-
> fektion im nichtssagenden "Small Talk".

Schließlich ist 'small talk' für den Journalisten Wilfried Schwedler, der in einem kulturpessimistischen Artikel unter dem Titel "Lauern aufs Stichwort - Es lebe der small talk! ..." den Verfall unserer Gesprächskultur konstatiert, der Inbegriff gestörter Kommunikation. Er schließt sich denjenigen an, die darüber "klagen, das Gespräch ... leide an Auszehrung; es werde immer inhaltsloser, gefühlsärmer und unser Wortschatz dürftiger".[22]

Wieviel realistischer und weniger normativ klingt, was Helen Friedlaender bereits 1922 in ihrem Essy "Small-Talk" schrieb:[23]

> All of us affect to despise it, and all of us

> (except a few intolerable burdens on society
> who refuse to say anything unless they have
> something to say) use it.

Für jene "intolerable burdens on society" gibt es im Englischen
den Ausdruck s/he has no small talk - und das ist keine besonders schmeichelhafte Charakterisierung.

4. Als direkter Zugang zur Intuition der Sprachbenutzer wurde
die schriftliche Befragung gewählt. Damit war allerdings nicht
der Anspruch verbunden, sozialwissenschaftlichen Anforderungen
an ein solches Verfahren zu genügen. So war die Population mit
74 Befragten relativ klein. Sie bestand aus zwei Teilpopulationen zu je 37 Personen (D - deutsch/E - englisch, gemäß der
Muttersprache), von denen eine, E, wiederum in zwei Gruppen
zerfiel (B - Briten: 23/A - U.S.Amerikaner: 14). Zur Charakterisierung der Population mögen hier folgende zusammenfassende
Angaben ausreichen.[24]

Geschlecht:	48 f / 26 m
Alter:	durchschnittlich 29 Jahre
	(größte Teilgruppe mit 34: 18-24 Jahre)
Beruf:	Student 45
	Lehrer (an Schule oder Hochschule) 14
	Rest (Angest./Arb./Hausfr./Rentner)15
Fremdsprachen:	durchschnittlich 2,64

Die Population ist nicht repräsentativ für die Gesamtbevölke-
rung der jeweiligen Länder. So ist der typische Befragte eine
zwischen 18 und 24 Jahre alte Studentin, die mindestens zwei
Fremdsprachen beherrscht, woraus ersichtlich wird, daß die
Auswahl der Befragten von praktischen Gesichtspunkten bestimmt
war. Dies stellt allerdings die Brauchbarkeit der Ergebnisse
nicht in Frage, da die Teilpopulationen ähnlich zusammenge-
setzt sind, wodurch die Vergleichbarkeit gegeben ist.

Von dem Fragebogen gibt es eine deutsche und eine englische
Variante, die nach Umfang (acht Fragen) und Inhalt identisch
sind. In der D-Variante wird lediglich zusätzlich nach einer
deutschen Entsprechung von 'small talk' gefragt. Nach einer
zu Anfang verlangten Definition des Begriffs (s.u.) wird in
Frage 2 explizit nach einer Wertung gefragt, für die eine

vierteilige Doppelskala vorgegeben ist.[25]

Finden Sie 'small talk'

positiv - eher positiv - eher negativ - negativ -
notwendig - eher notwendig - eher überflüssig -
überflüssig

Etwa ein Drittel aller Befragten (26) nahmen nur auf einer
Skala eine Bewertung vor, wovon 18 der unteren Skala den Vor-
zug gaben. Zwar war eine Doppelbewertung intendiert gewesen,
die Möglichkeit nur eine Skala zu wählen, war jedoch bewußt
nicht ausgeschlossen worden, um die Relevanz der Adjektive zu
überprüfen. Insgesamt erzielten die einzelnen Werte folgende
Häufigkeiten:

Tab. 1

1. notwendig (26)
2. eher positiv (23)
3. eher notwendig (22)
4. eher negativ (17)
5. eher überflüssig (10)
6. positiv (6)
7. negativ (2)
   überflüssig (2)

Die in Tabelle 1 zusammengefassten Häufigkeiten sind in Tabel-
le 2 nach Teilpopulationen (Nationalitäten) aufgeschlüsselt.
Bei einem Vergleich von B und A ist jedoch, da diese beiden
Gruppen unterschiedlich groß sind, zu beachten, daß es sich
um absolute Häufigkeiten und nicht um Prozentangaben handelt.
Diese Einschränkung gilt nicht bezüglich D vs. E: 37 vs. 37.

Tab. 2

	D	E	B	A
positiv	5	1	-	1
eher positiv	19	4	2	2
eher negativ	6	11	10	1
negativ	2	-	-	-
notwendig	13	13	11	2
eher notwendig	16	6	3	3
eher überflüssig	3	7	3	4
überflüssig	1	1	-	1

Es können zwei allgemeine Tendenzen beobachtet werden: 1. Sowohl bei den Extremwerten, als auch bei den mittleren Werten beider Skalen rangieren die positiv besetzten vor ihrem negativ besetztem Gegenstück. - 2. Auf beiden Skalen wurden die mittleren Werte bevorzugt (72 von 108 Nennungen). So rangieren die beiden negativ besetzten Extremwerte negativ und überflüssig mit jeweils nur zwei Nennungen an letzter Stelle.

Die zweite Tendenz ist nicht sonderlich überraschend, handelt es sich doch bei der Vermeidung von Extremwerten um ein in der Demoskopie einschlägig bekanntes Phänomen. Um so interessanter ist, daß notwendig die Liste der Häufigkeiten anführt; eine Tatsache, die eine nicht erwartete Einsicht der Befragten in die Funktionen von 'small talk' nahelegt. In diesem Punkt unterscheiden sich die beiden Teilpopulationen D und E nicht. Die gleiche Übereinstimmung liegt bei überflüssig vor. Deutliche Differenzen hingegen treten bei der Wahl der mittleren Werte auf. Während von D eher positiv und eher notwendig präferiert werden, bevorzugt E die Gegenstücke eher negativ und eher überflüssig. Darüberhinaus hat positiv in D fünf Nennungen, in E nur eine. Allerdings wird negativ als einzige Kategorie in E überhaupt nicht gewählt, in D dagegen zweimal.

Auffällig an diesen Ergebnissen ist, (a) daß die deutsche Population 'small talk' generell positiver einschätzt als die englischsprachige, was möglicherweise darauf zurückzuführen ist, daß der deutsche Begriff - wie auch der Gebrauch in Freiburger Arbeiten zeigt - weiter ist als der englische, und (b) daß 'small talk' von der Gesamtpopulation so überaus positiv bewertet wird (die linken Skalenwerte vereinigen 77 der inssamt 108 Nennung auf sich), viel positiver jedenfalls, als man aufgrund der in der Literatur und anderen Quellen enthaltenen Klischees annehmen sollte.

Weniger positiv klangen dagegen die zuvor verlangten Definitionen (Frage 1: "Was verstehen Sie unter 'small talk'?"). Sie können insofern als unvoreingenommen gelten, als die Befragten dazu angehalten waren, spontan zu antworten, d.h. der Fragebogen durfte vor der Beantwortung nicht durchgelesen werden.

In der Regel wurden die Antworten auf Frage 1 beschreibend ge-

geben, seltener und kaum ausschließlich bestanden sie aus Beispielen. (Die Sprache der Antworten wäre eine eigene Untersuchung wert.) - Bei Personen aus D läßt sich beobachten, daß je
mehr sie hinsichtlich Alter, Beruf und Fremdsprachenkenntnissen
vom Durchschnitt der Befragten abweichen, desto unspezifischer
wird das Verständnis des Begriffs und damit die Definition (s.
u.a. die Markierung des Ausdrucks in deutschen Lexika).

Die lange Liste oft synonymer oder doch wenigstens ähnlicher
Adjektive, die zur Modifikation von Gespräch oder Konversation bzw. deren Inhalt in den Definitionen verwendet wurden,
wird von belanglos und oberflächlich angeführt (7/5), gefolgt
vom negierten Antonym des letzteren, NEG + tiefschürfend/tief
(er)-gehend (3). Weiterhin werden folgende Charakterisierungen
benutzt: banal, langweilig, nichtssagend, phrasenhaft, unwichtig und einige mehr. Berücksichtigt man dazu die ähnliche Einstellungen ausdrückenden Umschreibungen wie Sprechen ohne richtige Kommunikation, Ein Gespräch, das um des Gespräches willen
geführt wird, ... nur des Vorganges "Reden" wegen, so gibt es
kaum eine Antwort ohne eine solche Wertung.

Ein ähnliches Bild ergibt sich bei der Teilpopulation B. Die
Briten definierten in den meisten Fällen 'small talk' über die
darin enthaltenen Themen, welche als trivial, häufiger noch
als unimportant, nothing very/really important oder nothing
in particular (zusammen elf Nennungen) bezeichnet werden. Aber
auch das Gespräch selbst wird modifiziert, und zwar als boring,
superficial, irrelevant, useless u.ä.

Die Amerikaner kommen mit relativ wenigen Pejorativa aus, dafür sind diese aber um so deftiger. Eine der Befragten weist
auf den Slang-Ausdruck blowing hot air hin (was so viel wie
"leeres Gerede" heißt), ein anderer formuliert mindless blathe-
ring (etwa "geistloses Gewäsch"), und schließlich bringt es
ein dritter auf einen ganz einfachen Nenner: bullshit. Dies
ist auch zugleich die kürzeste aller 74 Definitionen, besteht
sie doch nur aus diesem einen Wort. Erstaunlich ist dabei,
daß es sich bei den drei Zitierten um durchaus sehr unterschiedliche Personen handelt, eine Studentin (Altersgruppe 18-
24 Jahre), einen Farmarbeiter (25-34 Jahre) und einen Geologen
(50-64 Jahre).

Während also mit einem weiteren Verständnis des Ausdrucks
'small talk' im Deutschen eine positivere Haltung verbunden
ist, beziehen sich Sprecher des Englischen auf einen spezifi-
scheren Gesprächstyp, der für Briten "a necessary social evil"
darstellt, wie einer der Befragten kommentiert, von Amerikanern
aber sehr viel negativer beurteilt wird (s.o. Tab. 2) und für
sie als typisch englisch (i.S.v. britisch) gilt, wie eine Passage aus dem Roman "Daniel Martin" von John Fowles zeigt.[26]

> The American pair seemed to have been abroad long
> enough... to have quelled that least attractive
> (to Dan) of national characteristics: the need to
> overwhelm you with personal information and then
> demand yours. The occasional conversation at lunch
> ... was almost English in its generality. (pp. 506-7)

Es wäre unredlich zu unterschlagen, daß viele der Befragten
sich durchaus der Funktionen von 'small talk' bewußt sind, was
jedoch der Negativhaltung solchen Gesprächen gegenüber keinen
Abbruch zu tun scheint. In D werden in erster Linie als Funktion (oder Motivation) genannt:[27]

> - Aufrechterhaltung und/oder
>   Anknüpfung sozialer Kontakte (9)
> - gesellschaftliche Verpflichtungen (6)
> - Höflichkeit (4)
> - Zeitvertreib/Zeittotschlagen (4)
> - Vermeidung von Schweigen/Pausen (4)

Die gleichen Punkte werden auch in E genannt, lediglich in etwas
unterschiedlicher Gewichtung:

> - Zeitvertreib (8)
> - Kontaktherstellung und/oder -pflege (6)
> - Höflichkeit (5)
> - Pausenvermeidung (5)

Nicht immer ist übrigens klar, wie wörtlich "Zeitvertreib" zu
nehmen ist.

Bei aller Vorsicht, die bezüglich einer so kleinen Population
bei Prozentangaben geboten ist, kann man doch festhalten, daß
der funktionale Aspekt in den Definitionen der britischen

Gruppe eine weit geringere Rolle spielt als in der deutschen
oder in der amerikanischen (D:86,5%/A: 78%/B: 56%). Fehlt den
Engländern dafür das Bewußtsein, weil 'small talk' für sie
selbstverständlicher ist oder, wie eine britische Studentin
definiert, "something we do automatically"?

5. Ein weniger differenziertes Bild ergibt sich bei der Durch-
sicht von Enzyklopädien. Der Begriff 'small talk' wurde an
insgesamt mehr als drei Dutzend Nachschlagewerken überprüft.[28]
Die Definitionen der 28 eingesehenen einsprachigen Wörterbücher
zum britischen und amerikanischen Englisch weisen große Gemeinsamkeiten auf. In den meisten Fällen wird 'small talk' als eine
Art von conversation oder talk bezeichnet, die als light (16),
trifling (5), unimportant (4) u.ä. charakterisiert wird. Sofern von Themen überhaupt die Rede ist, werden diese in ähnlicher Weise als unwichtig oder alltäglich modifiziert. Selten
enthalten die Definitionen weitere Angaben. In nur sieben der
Lexika wird die soziale Funktion von 'small talk' angesprochen.
Die umfassendste Erklärung findet sich in Longman's Dictionary
of English Idioms von 1979: "polite conversation about unimportant matters, esp. at a social gathering". Es folgt ein
Beispielsatz, in dem nicht nur die typische Situation Party
und die Funktion der Kontaktherstellung thematisiert sind,
sondern in dem der Ausdruck auch abfällig gebraucht wird. Dies
ist außerdem explizit in der stilistischen Markierung vermerkt
("often derogatory"). Die Negativkonnotation ist in der hier
vorliegenden Bedeutung von small enthalten, die das OED um-
schreibt mit "Of little or minor consequence, interest or im-
portance; trifling, trivial, unimportant". Im übrigen kann
'small talk' noch Klatsch (gossip) heißen, jedoch vermerken
dies nur fünf der 28 Wörterbücher. Auch den Befragten schien
dieser Gebrauch nicht geläufig zu sein, denn nur eine einzige
Amerikanerin nannte auch diese Alternative ("gossip or the
(first) conversation between strangers").

Einschlägige deutsche Lexika (Duden, Meyer) verzeichnen 'small
talk' erst seit wenigen Jahren (als "Smalltalk, bildungssprach-
lich"). Die Erklärung liest sich wie eine wörtliche Übertragung der englischen Standarddefinition: "leichte, beiläufige
Konversation". Erstmalig in einem deutschen Nachschlagewerk

verzeichnet ist der Ausdruck 1970 im Anglizismenwörterbuch
von Neske/Neske. Dort findet sich auch bereits obige Erklärung (mit falscher Etymologie: "small klein, talk Gespräch")
sowie der Hinweis auf die Übernahme "Seit nach 1945 im Deutschen".

Zweisprachige englisch-deutsche Wörterbücher bieten als Übertragung hauptsächlich Geplauder oder (leichte) Plauderei an.
In den Antworten auf die nur in der deutschen Version des
Fragebogens enthaltene Frage "Kennen Sie einen deutschen Begriff für 'small talk'?" werden dagegen neben Unterhaltung,
Konversation (machen) und Geplauder einige Substandardismen
wie Plausch, Schwätzchen, Klönen u.ä. angeführt, außerdem als
modifizierende Adjektive seicht - statt leicht -, flüchtig,
unverbindlich, auch klein, kurz.

Im Vergleich mit den Definitionen der Befragten sind die Wör-
terbucheinträge sehr knapp und wenig informativ. Vor allem
werden sie der sozialen Bedeutung von 'small talk' nicht ge-
recht. Dies hat sich nicht geändert, seit Friedlaender
schrieb:[29]

> Dictionaries may define small-talk as "light or
> trifling conversation," but they do not go far
> enough. What they omit to say is that these light
> trifles are only means to an end - the end of dis-
> covering whether we are likely to have anything
> in common with our companion.

Bevor diese Zeilen, der ganze scharfsinnige Essay in dem Sammelband von 1922 erschien, war er bereits in Vogue abgedruckt
gewesen; Malinowskis berühmte Abhandlung über 'phatic communion' wurde 1923 publiziert. -

In Kürze wird eine pragmalinguistische Beschreibung des phati-
schen Diskurstyps 'small talk' vorliegen.[30]

Literatur

Bliemel, W./Fitzpatrick, A./Quetz, J. 1980: Englisch für Erwachsene. Bd. 2, Ausgabe A: Lehrbuch (2. Auflage). Berlin.

Borchers, H./Warth, E.-M 1984: Hakenkreuz und Petrodollars. EASt 1. 36-48.

Coulmas, F. 1981: Routine im Gespräch. Wiesbaden.

Coulmas, F. (ed.) 1981a: Conversational routine. The Hague.

Deutrich, K.-H./Schank, G. 1973: Redekonstellation und Sprachverhalten I. In: Funk-Kolleg Sprache 2. Frankfurt a.M. 242-252.

Edmondson, W./House, J. 1981: Let's talk and talk about it. München etc.

Fink, K.J. 1975: Das semantische Differential zur Untersuchung nationaler Stereotypen. Sprache im technischen Zeitalter 56. 346-354.

Friedlaender, V.H. 1922: Small-Talk. In: Pied Piper's Street and other essays. Bristol/London. 73-77.

Greenbaum, S. (ed.) 1985: The English Language of Today. Oxford.

Hüsch, H.D. 1983: Hagenbuch. München.

Irving, J. 1972: The Water Method Man. New York.

Kishon, E. 1971: Der seekranke Walfisch. München.

Klemperer, V. 1928: Immer wieder 'Kulturkunde'. Neue Jahrbücher für Wissenschaft und Jugendbildung 4. 264-280.

Koch-Hillebrecht, M. 1978: Der Stoff, aus dem die Dummheit ist. München.

Laver, J. 1975: Communicative Functions of Phatic Communion. In: Kendon, A. et al. (eds.): Organisation of behavior in face-to-face interaction. The Hague/Paris. 215-238.

Lippmann, W. 1922: Public Opinion. New York.

McEwan, I. 1981: The comfort of strangers. London.

Malinowski, B. 1923: The Problem of Meaning in Primitive Lang-

guages. = Supplement I to Ogden, C.K./Richards, I.A.:
The meaning of Meaning. London. 296-336.

Mikes, G. 1966: How to be an Alien (1946). Harmondsworth.

Neske, F./Neske, I. 1970: dtv-Wörterbuch englischer und ameri-
kanischer Ausdrücke in der deutschen Sprache. München.

Schank, G./Schoenthal, G. 1976: Gesprochene Sprache. Tübingen.

Schneider, K.P. (in Vorber.): 'small talk' - Der phatische
Diskurstyp.

Schulze, R. 1984: Strategische Unbestimmheit. Tübingen.

Schwedler, W. 1984: Lauern aufs Stichwort. Die Zeit 50. 79.

Spies, H. 1925: Kultur und Sprache im neuen England. Leipzig/
Berlin.

Tannen, D. 1984: Conversational style. Norwood, N.J.

Fußnoten

[1]Eine eher lose Verwendungsweise von 'small talk' findet sich in den Arbeiten der Freiburger Forschungsstelle für gesprochene Sprache (Dt.) sowie der Projektgruppe "Kommunikative Kompetenz..." am Bochumer Seminar für Sprachlehrforschung (Engl.). S. z.B. Deutrich/Schank 1973, 250f und Edmondson/House 1981, 222ff.

[2]Klemperer 1928, 273

[3]Spies 1925, 138f

[4]Spies 1925, 139

[5]Spies 1925, 139

[6]Spies 1925, 118 - Auf die Ambivalenz einiger kulturkundlicher Werke aus jener Zeit soll in diesem Beitrag nicht eingegangen werden.

[7]Diese beliebte "Definition" ist beispielsweise auch in dem Lehrwerk "Englisch für Erwachsene" enthalten (Bliemel u.a. 1980, 123).

[8]vgl. dazu z.B. den Themenschwerpunkt "Deutsch-amerikanische Beziehungen" in der Zeitschrift Englisch Amerikanische Studien (EASt 1 und 2/1984).

[9]Lippmann 1922

[10]s. Koch-Hillebrecht 1978

[11]s. dazu z.B. Coulmas 1981a und andere Arbeiten der darin versammelten Autoren sowie Coulmas 1981.

[12]Mit Rainer Schulzes Dissertation liegt eine linguistische Monographie zur Höflichkeit im Englischen vor (Schulze 1984).

[13]vgl. Laver 1975

[14]s. z.B. "Examples for Conversation: For Good Weather/For Bad Weather" in Mikes 1966, 20ff und "Schöner Regen heute, nicht

wahr?" in Kishon 1971, 86ff

[15]Greenbaum 1985

[16]Malinowski 1923, bes. 315

[17]s. z.B. Borchers/Warth 1984

[18]McEwan 1981, 104. Die andere Passage befindet sich auf Seite 69.

[19]Irving 1972, 380. Den Hinweis verdanke ich Jim Hala, Ann Arbor.

[20]z.B. Schank/Schoenthal 1976, 26

[21]Hüsch 1983

[22]Schwedler 1984

[23]Friedlaender 1922, 73

[24]Eine detaillierte Auswertung der Befragung befindet sich in Schneider (in Vorber.)

[25]Auf die Wiedergabe des englischen Fragetextes wird verzichtet. Die vorgegebenen Werte beruhen auf vermuteten Einstellungen. Eine Ähnlichkeit mit dem Verfahren des semantischen Differentials (s. z.B. Fink 1975) ist gegeben, wiewohl die Problematik dieses Verfahrens nicht unterschätzt wird.

[26]zitiert nach Tannen 1984, 80

[27]vgl. dazu Friedlaender 1922 und Malinowski 1923

[28]Es ist in diesem Zusammenhang unwesentlich, welche Nachschlagewerke im einzelnen konsultiert wurden. Daher wird auf ihren vollständigen Nachweis verzichtet.

[29]Friedlaender 1922, 76

[30]Schneider (in Vorber.)

Gerd Simon

Der Wandervogel als "Volk im Kleinen" und Volk als Sprachgemeinschaft beim frühen Georg SCHMIDT(-ROHR)[1]

Ende des vorigen Jahrhunderts hatte das junggrammatische Forschungsparadigma in der Geschichte der deutschen Sprachwissenschaften eine ähnlich dominante Position errungen, wie seit den 60er Jahren bis in die jüngste Vergangenheit das strukturalistische. In der Zeit um 1900 gerät ähnlich wie zu Beginn der 70er Jahre in die deutsche Sprachwissenschaftsgeschichte Bewegung. Vor allem das Verhältnis von Sprache und Volk rückt zunehmend ins Zentrum des Interesses. Hermann BAUSINGER hat das in seinem Beitrag in diesem Sammelband bereits herausgearbeitet.[2]

In der Geschichte des Verhältnisses von germanistischer Linguistik und Volkskunde nimmt der am frühesten publizierende Repräsentant der Sprachinhaltsforschung Georg SCHMIDT eine besondere Stellung ein, weil er zumindest in seiner Frühphase dazu tendiert, beide Fächer zu identifizieren. Der Grund für diese Tendenz ist da zu finden, wo er nach SCHMIDTs Theorie auch zu suchen wäre, nämlich im Erlebnishorizont des Wissenschaftlers.

Die Sprachinhaltsforschung, die sich auch ganzheitliche, energetische, neuromantische oder neohumboldtianische Sprachwissenschaft nennt und in Deutschland - und bezeichnenderweise nur hier - in den 30er, 40er und 50er Jahren den Ton angab, wird in der Regel als Integrationsansatz gesehen, der neoidealistische, kulturmorphologische und strukturalistische Theoreme in eine im wesentlichen schon bei Humboldt zu findende Sprachtheorie einbezieht.[3] Ich möchte hier in aller Kürze zu zeigen versuchen, daß diese Forschungsrichtung noch durch eine außerwissenschaftliche Bewegung wichtige Impulse erhalten hat, die bei Georg SCHMIDT, der in den Veröffentlichungen erst ab 1930 als SCHMIDT-ROHR erscheint, sogar zur formierenden Kraft hinter seinem Ansatz wird: der Wandervogel.

Georg SCHMIDT lernte die Wandervögel 17jährig in seiner Heimatstadt Frankfurt/Oder über den 5 Jahre älteren Fritz FULDA kennen, der eine zentrale Persönlichkeit in seinem Vorkriegs-

leben wurde.[4] FULDA kam damals gerade aus Berlin, wo er schon
dem von Karl FISCHER um die Jahrhundertwende gegründeten "Ur-
wandervogel" angehört hatte (zu den einzelnen Gruppen vgl.
Fig. 1). Nach dem Tode seines Vaters war seine Familie plötzlich verarmt. FULDA verläßt nach dem Einjährigen das Gymnasium
in Steglitz und beginnt eine Feinmechanikerlehre. 1907 kommt
er als Rekrut nach Frankfurt/Oder und gründet dort eine Wander-
vogel-Gruppe. 1911 holt er eben da das Abitur nach und beginnt
in Jena, wo bereits die Gebrüder SCHMIDT studieren, sein Päd-
agogik-, Philosophie- und Sprachenstudium. In Jena entwickelt
sich FULDA sehr bald zum "heimlichen Wandervogel-Papst" und
gründet die "Wandervogelführerzeitung".

Georg SCHMIDT, der sich schon 1910 in Berlin als Beiträger
einer Studentenzeitung versucht hatte,[6] entfaltet in dieser
Zeit eine rege journalistische Tätigkeit. Offenkundig ist sein
Bemühen, in den verschiedensten WV-Zeitschriften zu möglichst
vielen aktuellen Fragen der Jugendbewegung Stellung zu nehmen.
Das Muster dieser zumeist kurzen Artikel ist in der Regel einfach: Zumeist eröffnet ein Erlebnisbericht Empfehlungen zu
einer Streitfrage oder zum Verhalten auf den Wanderungen.
Georg SCHMIDT scheut sich nicht, die Emotionen anzusprechen.
Er betont das Tatendrängerische, Abenteuerlustige am Wander-
vogel. Wahrscheinlich aus Angst vor den darin liegenden Trieb-
kräften ist er peinlich darauf bedacht, daß die Interessen der
Ordnungsmächte gewahrt bleiben.
In einem Lebensbericht, den er 1942 anläßlich der Übernahme
der Leitung der Sprachsoziologischen Abteilung der SS geschrieben hat, begründet er bezeichnenderweise seine Kritik an den
Freideutschen folgendermaßen:

> *"Ich versuchte, die aus dem Wandern fliessenden rei-
> chen schöpferischen zur Nationwerdung führenden Kräf-
> te zu schützen gegen das auch aus dem Wandern flie-
> ßende Gift einer zigeunerischen, seelischen Form- und
> Haltlosigkeit."*[7]

Das Verhältnis von Trieb und Ordnung ist von Anfang an ein zen-
trales Thema in SCHMIDTs Veröffentlichungen.

157

Fig. 1. Entwicklung des Wandervogels (WV)

Die Skizze enthält nur die Gruppierungen, die direkt oder indirekt für die Biografie Georg SCHMIDTs wichtig wurden. In Klammern die Namen von Gründern, ersten Führern oder sonst tonangebenden Personen.

─────► Übergang bzw. Abspaltung oder Vereinigung
━━━━━► Entwicklung, die Georg SCHMIDT mitmacht
─────── korporative Beziehung

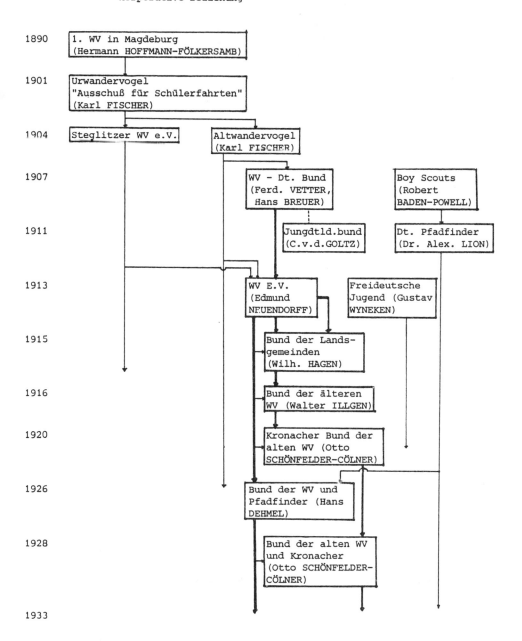

Der Stil seiner Arbeiten läßt sich manchmal schon an ihrem
Titel ablesen, z.B.:

> *"Warum wir keine Lackstiefel tragen"*
> *"Die tolle Nacht am Tollensee"*
> *"Ein Sendschreiben, zur Tröstung und Erbauung der*
> *kopfhängerischen Schwarzseher, so wo einem stolzen*
> *sonnenwärts strebenden Vogel sich umwandeln sahen*
> *in klumpig träges Federvieh."*

oder

> *"Nein, nein! Das ist nicht unser Wandervogel".*

Selten bekommt man aus literarischen Erzeugnissen so anschau-
liche Einblicke in das konkrete Wandervogelleben wie durch
Georg SCHMIDTs Artikel. Den anderen Wandervögeln bleibt er
dennoch vor allem als "Organisationstheoretiker" in Erinnerung.[8]

Zu fast allen Fragen, den den Wandervogel bewegen, weiß er zumindest auf gediegene Weise Stellung zu nehmen. Die Frage, ob
die Schüler unter den Wandervögeln gemischt wandern sollen,
bringt er z.B. mit der Frage der Koedukation in der Schule zusammen. Beide Fragen verneint er. In der Frage, was vorgehe,
das Freiheitsbedürfnis des Einzelnen oder die Einheit der
Ortsgruppe, entscheidet er sich klar für das letztere.

Energisch bekämpft er den Alkohol. Bei der Wahl der Argumente
gegen den Alkohol ist er nicht zimperlich:

> *"An einem Abend in der Rhön. (...) Da erblicken wir*
> *eine Frau. Die ist schmutzig und blöde. Auf dem Arm*
> *hat sie ein kleines Kind: an einem riesigen Wasser-*
> *kopf ein schwächlicher Leib - wie das nur leben konn-*
> *te! Ein Kretin. Ich sehe mir genauer die andern Kinder*
> *an, die hinter uns hergekommen waren. Fürchterlich,*
> *wie sie aussahen! Ein Angetrunkener kommt angetorkelt*
> *und sucht uns klarzumachen, wir müßten in seiner Scheu-*
> *ne schlafen. Der Lehrer erzählt mir nachher, daß es*
> *in der Schule kaum möglich wäre, vorwärts zu kommen.*
> *- Warum? - Der Suff! - Als wir auf unserm Stroh la-*
> *gen, sagte der Führer: 'Vergeßt dies Rhöndorf nicht.*

Wenn ihr einmal älter seid und Stellung zu nehmen
habt zur Alkoholfrage - und als Kulturmenschen
habt ihr die verdammte Pflicht, das zu tun - dann
denkt daran, daß es nicht bloß darauf ankommt, für
euch selbst die richtige Antwort zu finden. Denkt
dabei auch ans Draußen, ans große Vaterland (...)
'Um die Milliarden, die sie versaufen, könnten die
Deutschen die Welt sich kaufen'.[9]

Weil es nicht überall bekannt ist, sei hier kurz festgehalten,
daß Kretinismus auch nach dem damaligen Stand der Medizin weniger mit einem Überfluß an Alkohol als mit einem Defizit an
Jod zu tun hat.

Früh offenbart sich auch SCHMIDTs Talent als Seismograph ver-
borgener Entwicklungen sowie als Pionier und Initiator zu-
kunftweisender Tendenzen. Es halbes Jahr vor Beginn des ersten
Weltkriegs kommt der Aufsatz "Neue Aufgaben für die deutsche
Jugend"[10] heraus, in dem er die Wandervögel zur freiwilligen
Land- und Erntehilfe auffordert. Er will damit nicht nur "die
Kastenspaltung unseres Volkes" in Geistes- und Körperarbeit
überwinden, sondern auch der Landflucht und der Abhängigkeit
der Bauern und Gutsbesitzer von den slawischen Gastarbeitern
entgegenwirken.[11] Daß die Schüler der Großstadtgymnasien seinen Vorschlag im Krieg vielfach in die Tat umsetzen, wird
SCHMIDT mit Stolz verfolgt haben; heißt es doch in seinem Aufsatz:

"Die Anstrengungen der freiwillig übernommenen Ern-
tearbeit werden eine gute Schule für uns Junge sein,
die wir geistige Sicherheit und Kraft zu der Auf-
opferungsfähigkeit erwerben wollen, die heute der
Frieden und übermorgen der Krieg und alle Zeit das
Wohl unseres Volkes erfordert."[12]

Nach dem 1. Weltkrieg richtet die Jugendbewegung ein "Amt für
Sprachgrenzarbeit" ein, das die "Erntehilfe" dazu benutzt
sehen will, die Reichsdeutschen mit den Problemen vor allem
der Sudetendeutschen vertraut zu machen.[13]
1942 wird SCHMIDT-ROHR HIMMLER gegenüber den Erntehilfe-Vor-
schlag als Vorwegnahme sowohl der Grundidee der "Artamanen"

hinstellen, deren Gauleiter HIMMLER Ende der 20er Jahre zeit-
weise war, als auch des Reichsarbeitsdienstes, der ihn 1939
aufgefordert hatte, seine Vorgeschichte zu schreiben.[14]
1912 beginnt die erste Geschichte des Wandervogels, verfaßt
von dem Arzt Hans BLÜHER, zu erscheinen. Der psychoanalytisch
ausgebildete BLÜHER führt dabei die Entstehung des Wandervogels im wesentlichen auf homoerotische Triebkräfte zurück.
Für Georg SCHMIDT sind diese Bände ein Schock; zumindest vermittelt seine Rezension diesen Eindruck:

> *"(...) Einmal war ich mit einem Freunde zusammen.*
> *Es wurde aus einer gekneteten sog. 'Geschichte der*
> *Wandervogelbewegung' vorgelesen. -*
> *Da war es, als würde es dumpf und schwül im Zimmer.*
> *Bald hörten wir auf. - Schweigen. -*
> *Du? Ist der BLÜHER Jude?*
> *Weiß ich nicht.*
>
> *Ich glaube, in dieser Frage ist alles Lob und aller*
> *Tadel ausgesprochen, in dem Herr BLÜHER, ein ehema-*
> *liger Wandervogel, glaubt, eine Geschichte unserer*
> *Bewegung gegeben zu haben."*[15]

Was Georg SCHMIDT im folgenden als lobenswert an BLÜHERs
Wandervogelgeschichte bezeichnet, ist ironisch gemeint. Der
Tadel wird nicht begründet. Stattdessen spricht er die Zeit-
schriftenleiter an:

> *"Schnapsreklamen und Heiratsannoncen nehmt ihr*
> *nicht auf, weil ihr wißt, welche Verantwortung*
> *ihr der Jugend gegenüber habt. Werdet ihr Euch*
> *über das Buch des Herrn BLÜHER klar!*[16]

Diese Rezension erscheint 1913 in der "Wandervogelführerzeitung". Ihr Herausgeber FULDA ist im Gegensatz zu den meisten
Wandervögeln überzeugter Antisemit. Das fließt auch in manchen
Artikel ein. Acht Monate nach SCHMIDTs BLÜHER-Rezension erscheint in der "Wandervogelführerzeitung" das berüchtigte Judenheft. Es löst einen Sturm der Entrüstung aus.
Die Bundesleitung sieht sich mehrfach veranlaßt, sich von der
Wandervogelführerzeitung zu distanzieren;[17] mehrere Bundestage
müssen zur Judenfrage Beschlüsse fassen. Wandervögel äußern

öffentlich Kritik an dem Judenheft. In der Kritik Wilhelm MAUs werden auch die Rezensionen von SCHMIDT und seinem Freund Karl BOESCH einbezogen.

> *"(...) Über die Haltung der FULDAschen Führerzei-*
> *tung braucht man nicht viel zu sagen, deren Metho-*
> *de des Lächerlichmachens, mit der sie glaubt, Wander-*
> *vögel* <u>*überzeugen*</u> *zu können, kennt man ja schon aus*
> *der Behandlung der Judenfrage und auch des BLÜHERbuches.*
> *Es liegt in dieser ganzen Art eine Unterschätzung un-*
> *seres Urteilsvermögens, die wir uns verbitten müssen.*
> *(...)"*[18]

Im Frühjahr 1914 ist der Wandervogel Gegenstand einer Reichstagsdebatte.[19] Der preußische Kultusminister von TROTT zu SOLZ zeigt in seiner Rede sehr viel Verständnis für den Wandervogel, mißbilligt aber scharf die antisemitischen Tendenzen in ihm. Sämtliche Parteien stimmen ihm in diesem letzten Punkte zu.

Von diesem Zeitpunkt ab ist bei Georg SCHMIDT eine veränderte Einstellung zur Judenfrage festzustellen. Das Wort "Rasse" erscheint jetzt in abwertenden Kontexten. Er faßt den Exponenten der Vertreter des Rassegedankens, Fritz FULDA, zwar weiterhin mit Samthandschuhen an, rückt aber deutlich von jedem Antsemitismus ab. Die Argumente, mit denen er FULDA und seine wenigen Parteigänger zu überzeugen sucht, gehören freilich zum Abenteuerlichsten, was ich je in dieser Sache gehört oder gelesen habe:

> *"(...) Ich begegne im Walde des Zweifels jemand,*
> *der mir gefährlich erscheint. Auf meinen Anruf be-*
> *komme ich keine Gewißheit, ob er mir schaden will*
> *oder nicht, seine Gebärde erscheint mir aber drohend.*
> *Ich halte dafür, daß ich kein Verbrechen begehe,*
> *wenn ich den Mann totschlage, ehe ich möglicherweise*
> *den tödlichen Schlag erhalte, mag da selbst die Mög-*
> *lichkeit bestehen, daß ich einen ganz harmlosen Mann*
> *töte. Der Augenblick erfordert oft Taten, in denen*
> *ich mich auf Grund* <u>*halber*</u> *Erkenntnis entscheiden*
> *muß. Es erscheint mir als ein Vergehen gegen unser*

Volkstum, wenn wir nicht auch hart sein können und,
wie es äußerlich scheint, ungerecht gegen eine Min-
derheit um des Wohles der Mehrheit, des Volksganzen
willen, und wenn wir nicht auch nach wahrscheinli-
chen Urteilen handeln, wo wir zu keinen sicheren
gelangen können. Niedrig aber wird mein Verhalten,
wenn ich gegen den geheimnisvollen Unbekannten
bissige Pamphlete voller Gemeinheiten und bewußter
Übertreibungen schreibe und nicht erwähnte, wie un-
sicher meine Kenntnis über die Gefährlichkeit des
Unbekannten ist, und daß ganz ehrliche Menschen auf
beiden Seiten das eine und das andere behaupten. -
Wenn ferner die andere Rasse den deutschen Nieder-
gang sehr förderte und aus diesem Grunde zu bekämp-
fen wäre, so müßte doch jeder gerechte Mensch die
Tragik anerkennen, die für diese Rasse in ihrem
Schicksal liegt (...)"[20]

SCHMIDT fordert dann von demjenigen, der einer anderen Rasse
das Erleiden einer solchen Tragik zumute, daß auch er selbst
grundsätzlich zu diesem Erleiden bereit sein müßte. Er malt
aus, was das heißen kann:

"Da bleibt dem einen Entzweiung mit seiner Familie,
Aufgeben von Amt und Stelle dem andern, Opfer, ganz
harte Opfer allen, die da Laufgräben gegen den Feind
aufwerfen wollen (...) Wer hier nicht seine ganze
eigene Persönlichkeit als ein Winkelried in die
Schanze schlägt, der hat kein Recht zu fordern,
daß die andere Rasse blute, der ist eben nur ein
- Radauantisemit (...)"[21]

SCHMIDT will Antisemiten wie seinen Freund FULDA vom Gegenteil
überzeugen. Wie aber schon die Argumente in der Alkoholfrage
Bestandteile enthielten, die man als Rechtfertigung der Rede
vom "lebensunwerten Leben", vom "Untermenschen", vielleicht
sogar von "Euthanasie" lesen konnte, so verwendet er hier
Begründungen, die zumindest den Extremfall des Holocausts an
den Juden keineswegs als grundsätzlich verwerflich ausschließt.

Sprachtheoretische Aussagen fallen in diesen frühen Veröffent-

lichungen nur sehr spärlich aus. Diese wenigen Aussagen sind
aber umso symptomatischer:

> *"Treffen sich zwei seelisch gleichgestimmte Men-*
> *schen, so sind bei ihrem inneren Fühlungnehmen*
> *doch die Worte der Sprache nur die Symbole, die*
> *Rufzeichen für das, was sie seelisch schon erlebt*
> *haben, was sie schon wissen, Andeutungen auf etwas*
> *Bekanntes. Diese Andeutung ist (...) unsicher, weil*
> *(...) dasselbe Wort bei unterschiedlich gearteten*
> *Menschen verschiedenes Erleben bedeutet. (...) Die*
> *Sprache kann nicht in wirklich befriedigender Weise*
> *ihren Mitteilungszwecken genügen, wenn nicht die*
> *Art und Weise des Hinschauens auf die Welt bei den*
> *in Austauschtretenden dieselbe ist, wenn die Ver-*
> *ständigungszeichen, die Worte nicht für einiger-*
> *maßen genau entsprechende Erlebnisse Geltung ha-*
> *ben."[22]*

Im Folgenden ordnet Georg SCHMIDT den Wandervogel den mystischen Bewegungen der deutschen Geschichte, Pietismus und Ro-
mantik, zu, glaubt aber, daß die Sprache die Rationalisten
favorisiert:

> Die Mystik *"hat hier mit ihr nicht eigentümlichen*
> *Waffen zu kämpfen, denn die aus langem Gebrauch mit*
> *ihrer Bedeutung behafteten Worte sind besonders*
> *durch den Gebrauch und für den Gebrauch ihrer Geg-*
> *ner zugeschnitten. (...) Wir alle kennen die inner-*
> *liche Bedeutung unseres Gemeinschaftslebens, wir*
> *fühlen, was wir dem Wandervogel verdanken und was*
> *wir ihm schulden, was uns die Gemeinschaft sein*
> *kann und sein soll, und doch können wir nicht in*
> *Worten völlig befriedigend das Ziel und den Zweck*
> *des neuen Bundes umschreiben. Das seelische Erleb-*
> *nis eines Teils der deutschen Jugend, was umschlos-*
> *sen liegt in dem Begriff 'Wandervogel', kann nicht*
> *zergliedert werden durch die Begriffe der Sprache,*
> *in denen wir zu viel von den Anschauungen und Er-*
> *kenntnissen eines andersartigen Geschlechtes mit*

übernehmen. So ist es nur blasse Andeutung des Gewollten, wenn man, um uns in das Vereinsregister eitragen lassen zu können, die Formel aufstellte (...):

> *'Ziel des Bundes der Landsgemeinden ist, den persönlichen Zusammenhang zwischen seinen Mitgliedern auf Grundlage der Wandervogel-gesinnung aufrecht zu erhalten und dieser deutschen Gesinnung im Leben Geltung zu ver-schaffen.'"*[23]

Echte sprachliche Verständigung setzt schon beim frühen Georg SCHMIDT eine weitgehend gemeinsame Erfahrungsbasis voraus. Diese findet man in der Regel in einer "Erziehungs- und Tat-gemeinschaft".[24] Eine solche Gemeinschaft ist der Wandervogel. Dieser wird hier noch in Spannung gesehen zur Sprache, in der die Erfahrungen andersartiger Vorfahren aufgehoben sind, die es schwer macht, neuartige Erlebnisse mitzuteilen, auf deren Gebrauch man aber dennoch angewiesen ist. Die auch später zentralen sprachtheoretischen Begriffe "Erlebnis", "Andeu-tung", "Gebrauch" und "Gemeinschaft" sind also schon in den frühesten Wandervogel-Schriften Georg SCHMIDTs anzutreffen. Der Textzusammenhang macht auch unmittelbar klar, wie sehr diese Begriffe der Wandervogelbewegung entwachsen sind. Er-lebnis und Sprache werden dabei einander entgegengesetzt wie sonst Trieb- und Ordnungskräfte.

Es geht mir hier nicht darum, die Verbindungslinien zwischen Wandervogel und Nationalsozialismus allgemein aufzuzeigen. Das haben andere schon zur Genüge getan. Ich verweise etwa auf das zusammenfassende Buch von GIESECKE.[25] Ich möchte auch nicht die Verbindungslinien des Wandervogel-Diskurses zum NS-Diskurs verfolgen. Hier wäre sicher noch vieles zu tun. Utz MAAS hat da einen wichtigen Anfang gemacht.[26] Ich will mich hier be-schränken auf die Geschichte der sprachtheoretischen Grundbe-griffe bei SCHMIDT-ROHR sowie auf ihre biographischen und so-zialgeschichtlichen Bezüge.

1942 schildert SCHMIDT-ROHR in einem Bildungsbericht, wie er über das normale Sprachstudium zu seinen sprachtheoretischen und sprachpolitischen Vorstellungen kam:

"(...) Schon seit meinen ersten Studiensemestern
hatte ich mein Interesse auf die allgemeine, grund-
sätzliche Sprachwissenschaft gerichtet. Die Ursa-
chen der Lautwandel beschäftigten mich stark. Vor
allem aber die soziologische Leistung der Sprache
für Volksartung, Volkscharakter und Volksleben ver-
suchte ich vom Wesen des Sprachbegriffs her zu ver-
stehen(...)
Ein besonderer Anreiz zu gerade diesen Besinnungen
über Volkstum und Sprache kam wieder von praktischen
Erlebnissen her. Auf Schneeschuhen hatten wir uns
heimlich zur Nacht mit der deutsch-böhmischen Ju-
gend getroffen, 1911, 1912 und von ihren Volkstums-
nöten und ihrem Sprachenkampf gehört. Ostern 1914
auf dem Bundestag [der Wandervögel] in Frankfurt
(Oder) rief ein Österreicher, KUTSCHERA, am Feuer die
Gewissen wach mit der Mahnung: Der grosse Krieg kommt,
und er wird entzündet aus dem Volkstumskampf Öster-
reichs. Seid auf der Wacht und vergeßt uns nicht,
Ihr Deutschen im Reich".[27]

In einem anderen Lebensbericht, den SCHMIDT-ROHR 1944 zusammen mit seinem Habilitationsgesuch in Wien einreichte, formuliert er das so:

"Der wesentlichste Gedankenkreis (...), der mich am
längsten und tiefsten packte und dem ich noch ver-
schworen bin, war der Volkstumskampf. In den Jahren
1911, 1912 hatten wir in Gruppen schlesischer Wander-
vögel uns schon heimlich bei Nacht mit sudetendeut-
scher Jugend getroffen. Gerade das Sudetendeutsch-
tum war ja die zuerst erwachte, am bewußtesten volks-
deutsche Gruppe unseres Volkes mit einer ausgezeich-
neten geistigen Führerschicht, die ähnlich der Ju-
gendbewegung innere Wesenserneuerung der Gesamtna-
tion erstrebte. Die Berührung mit gerade dieser Volks-
gruppe hatte auf mich stärksten Einfluß. - Die Frage,
wie die Volkstumsbehauptung an Schule und Sprache
hängt, beschäftigte mich schon damals auf das leb-
hafteste, und ich empfand es als inneren Auftrag

> *mitzuhelfen, das deutsche Volk wachzurufen zu*
> *einem helleren Bewußtsein der volkhaften Bedeu-*
> *tung der Sprache. Von Seiten der Erkenntnistheo-*
> *rie, der Sprachphilosophie versuchte ich einzel-*
> *gängig die Wesensbeziehungen zwischen Volkstum*
> *und Sprache zu klären."[28]*

In Begegnungen mit sudetendeutschen und österreichischen Wandervögeln wird SCHMIDT also früh klar, daß Volksgrenzen nicht mit Staatsgrenzen identisch sind. Die Grenzen des Volkes sind vielmehr die der Sprache. Bei aller Orientierung an den Vorstellungen seiner Eltern, seiner Lehrer und der jeweiligen Regierung: Georg SCHMIDTs unverkennbares Autoritätsbedürfnis macht erst halt bei der Größe "Volk". "Volk" ist für SCHMIDT nicht hinterfragbarer höchster Wert.[29] Modell des Volkes ist aber - zumindest in der Frühphase - der Wandervogel in seinem Bemühen um die Überwindung der Staatsgrenzen, aber auch der Klassenspaltung zwischen Kopf- und Handarbeitern.

SCHMIDT knüpft dabei an dem Selbstverständnis des größten Wandervogel-Bundes, "Volk im Kleinen" zu sein, an. In mancher Hinsicht ist dieses Selbstverständnis nicht falsch. Der Wandervogel ist z.B. streng hierarchisch organisiert. Der Begriff "Führer" erhält überhaupt erst hier die Bedeutung, die durch das Dritte Reich in aller Welt bekannt wurde.[30] Die Führer wählen die Scholaren und Mitglieder ihrer Wandervogelgruppe aus. Letztere sind also voll von ihnen abhängig. In anderer Hinsicht, vor allem, was die Herkunft und Zusammensetzung der Wandervögel betrifft, ist dieses Selbstverständnis sicher überzogen. Kinder von Bildungsbürgern sind z.B. im Wandervogel deutlich überrepräsentiert.[31]

1917 bringt Georg SCHMIDT in der Tat-Flugschrift "Unsere Muttersprache als Waffe und Werkzeug des deutschen Gedankens" erstmals seine sprachpolitischen Ideen in entfalteter Form und ohne Bezug auf den WV an die Öffentlichkeit. 1942 nennt er es

> *"eine Art wissenschaftliches Testament über den we-*
> *sentlichsten Gedanken (...), den zu tragen ich mich*
> *berufen fühlte",*

und "*die erste deutsche sprachpolitische Schrift, die*
es wohl überhaupt gibt... "[22]

In der Tat kennt diese 51 Seiten lange Broschüre in den wichtigsten Punkten in der Geschichte der deutschen Sprachwissenschaft kein Vorbild. SCHMIDT verarbeitet darin zwar die junggrammatische Lautlehre und Sprachpsychologie. Er lehnt mit
JESPERSEN die Theorie des allmählichen Niedergangs der Sprache
ab. Vermittelt über den heute nahezu vergessenen Karl ABEL
lernt er auch HUMBOLDTsches und SCHLEICHERsches Gedankengut
kennen mit dem Ergebnis, daß sich bereits diese sprachpolitische Erstschrift über weite Strecken liest wie ein Frühwerk von
WEISGERBER, der erst ein halbes Dutzend Jahre später zu publi-
zieren beginnt.
Verwandtes Gedankengut findet SCHMIDT auch bei dem Aristote-
liker und HEGEL-Kritiker TRENDELENBURG, der einen starken Einfluß auf BRENTANO, die frühen Phänomenologen und den Lebens-
philosophen DILTHEY hatte:

"*Durch das immer bereite Zeichen des Wortes lernt*
der Mensch, die Vorstellungen, die sonst flüchtig
wären und ineinanderflössen, zu fixieren und zu
unterscheiden, und mit jeder fixierten und unter-
schiedenen Vorstellung wächst ihm die Kraft, rei-
cher und schärfer zu kombinieren. Durch das Zeichen
wird die Herrschaft über die Vorstellung bedingt,
und ohne Zeichen, und seien sie die natürliche Laut-
sprache oder ein künstliches Ersatzmittel, gibt es
kaum einen Ansatz menschlichen Denkens. "[33]

Aus der Tradition TRENDELENBURG, Phänomenologie und Lebens-
philosophie scheinen auch einige heute sehr modern klingende
gebrauchstheoretische Ansätze bei Georg SCHMIDT zu kommen,
z.B.

"*(...) jedes Wort in allen seinen mehr oder weniger*
übertragenen Verwendungsweisen ist eine Verallgemei-
nerung aus der Willkür der Sprachgemeinschaft... "[34]

"*(...) Wenn wir den Begriffsumfang eines Wortes, das*
wir ganz sicher beherrschen, umschreiben, abgrenzen,
definieren wollen, dann kommen wir schon in die

ärgste Verlegenheit: was ist - Güte, Tier? -, und
doch kennen wir alle das Wort ganz genau mit seinem
inneren Begriff. Durch den 'Gebrauch' lernten wir
es gebrauchen als Urteil und und Vorurteil."[35]

Aus der ursprünglichen Zweiheit 'Erlebnis' - 'Sprache' macht
Georg SCHMIDT jetzt die Dreiheit 'Erlebnis' - 'Begriff' -
'Sprache' (vgl. Fig. 2). Der Begriff ist sogar die dominieren-
de Instanz. Von einer Spannung zwischen Sprache und Erlebnis
ist nichts mehr zu spüren. Offenkundig haben die Ordnungskräfte den Sieg davon getragen. 'Begriff' hat bei SCHMIDT Beziehungen zu dem, was bei Hermann PAUL 'Vorstellung' heißt, aber
auch zu dem, was wir seit CHOMSKY 'Tiefenstruktur' nennen;
nicht wenige Gemeinsamkeiten hat er übrigens auch mit dem
Diskurs-Begriff. Von all diesen linguistischen Termini unterscheidet er sich jedoch in zwei miteinander zusammenhängenden
Punkten:

1. Der 'Begriff' schafft eigentlich erst die erlebte Wirklichkeit und
2. Die Art, wie er die Welt konstruiert, differiert von Sprache zu Sprache.

Idealismus und Nationalismus reichen sich also bei Georg
SCHMIDT wie bei allen Sprachinhaltsforschern die Hände.

Fig. 2: Die Beziehungen zwischen Sprache, Begriff, Erlebnis,
        Wandervogel und Gemeinschaft beim Georg SCHMIDT der
        "Muttersprache als Waffe und Werkzeug des deutschen
        Gedankens".

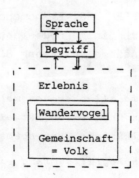

Neu an Georg SCHMIDTs Sprachidealismus und -nationalismus
und einzigartig sogar innerhalb der ganzheitlichen Sprachwissenschaft ist der Praxisbezug, vor allem die Nutzung für
eine militante Kulturpolitik. An zahllosen Beispielen versucht SCHMIDT zu zeigen, wie die Geistes- und Kulturgeschichte der Völker abhängt von der Sprache, die sie sprechen.
SCHMIDT ist der Überzeugung, daß die Australier und Nordame-
rikaner sich im 1. Weltkrieg zumindest nicht auf die Seite der
Engländer geschlagen hätten, wenn sie deutsch gesprochen hätten, und wenn der größte Teil ihrer Zeitungen, Zeitschriften
und Bücher in deutscher Sprache erschienen wäre.[36] Die Sprache ist weltgeschichtlich nicht nur bedeutender als die Rasse,[37]
sondern auch als das Schwert.[38] Der *"Kampf der Waffen"* sei nur
"Vorspiel oder Nachspiel" des Kampfes der Kulturen,[39] der im
Wesentlichen ein Sprachenkampf sei:

> *"Kriegsglück und Waffenmacht, wenn sie nicht Aus-*
> *druck einer höheren Kulturkraft sind, geben nur*
> *Eintagsgeltung in der Welt"*[40]

> *Heute sind mit Presse, Kabel, Geld und Eisenbahn*
> *für die Bezwingung von Völkern Kampfmittel geschaf-*
> *fen, die letzten Grundes wichtiger sind als die*
> *schweren Mörser, wenn auch diese für die Staats-*
> *verbände der Völker nicht zu entbehren sind (...).*
> *Noch tiefer und dauernder als diese Mittel der Zi-*
> *vilisation wirkt die Sprache, der wesentlichste*
> *Träger der Kultur eines Volkes; ja, diese Mittel*
> *sind nur Diener, die besten Diener der Sprache als*
> *des besten Werkzeuges, um Völker zu unterwerfen."*[41]

Die Kaufleute und Kapitalisten werden nur als Transporteure
deutscher Kultur und Sprache in die Welt gesehen. Ökonomische
Gedankengänge sind - wie auch später - eigentümlich ausgespart.
Der Wettstreit zwischen den Völkern ist kein ökonomischer, sondern ein kultureller, speziell ein sprachlicher, und manchmal
ein militärischer. Seine Berechtigung wird nicht hinterfragt.
Alternativen internationaler Beziehungen werden nicht diskutiert. Das Ellenbogen-Verhalten vor allem europäischer Völker
gilt nicht nur als berechtigt, sondern als natürlich:

*"Nach eigenen Schwerkraftgesetzen macht sich die
höhere Kultur - wo nicht andere, starke Widerstände erfolgen - immer zum Herrn über niedere."*[42]

SCHMIDT tritt schon damals für eine expansive Grenzpolitik
ein, wie die Vertriebenenverbände sie heute unter dem Schlag-
wort "friedlicher Wandel" vertreten: Bislang sei nach Georg
SCHMIDT der Kulturenkampf als wichtigster Bestandteil der Ko-
lonisation und Eroberung anderer Weltenteile ohne festen Plan
verlaufen.[43] Die deutsche Kultur sei zweifellos eine der
höchstentwickelten unseres Erdballs.[44] Wenn man ihre Ausbreitung aber nicht planvoll betreibt, müsse man damit rechnen,
daß sie langfristig zwischen der angelsächsischen und der
russischen zerrieben wird.[45]
Zu beachten sei vor allem bei der Planung, daß Kriege manchmal zu bestimmten Zeitpunkten auch Gegenkräfte mobilisieren,
die für die Ausbreitung einer Kultur hinderlich oder gar un-
überwindlich wären.[46] Die Judenfrage wäre nach SCHMIDT normalerweise schon in der Antike gelöst worden:

*"Die langsame Hellenisierung des Judentums wurde
nur aufgehalten durch die Versuche, mit Waffenge-
walt das jüdische Volk zu unterwerfen, und durch
das dadurch ganz mächtig aufflammende jüdische Na-
tionalbewußtsein."*[47]

Die Taktik der Deutschen - so jedenfalls Georg SCHMIDT - sollte demgegenüber in der unauffälligen Ausführung eines *"großen
Plans"* bestehen:

*"Der Hinweis auf die Gegenkraft des fremden Volks-
bewußtseins mag uns lehren, in dem Werbekampf für
das Deutschtum, wo es nötig ist, fein klug zu sein,
fremden Völkern das deutsche Kleid anzuziehen, während sie noch schlafen, und es ihnen nicht mit schal-
lenden Trompeten und großem Trara zu bringen."*[48]

Der Hauptgedanke dieses Kulturimperialismus - meint Georg
SCHMIDT -

*"muß nicht sein, gegen ein fremdes Volk, sondern
mit aller Macht für unser eigenes Volkstum zu kämpfen."*[49]

Dabei sei der Sprachenkampf unvermeidlich. Denn

> *"Menschheitsfortschritt wächst bei allen geisti-*
> *gen Wechselbeziehungen der Völker immer nur in*
> *einer bestimmten Form, in einer bestimmten Spra-*
> *che mit allen Eigenheiten und Besonderheiten die-*
> *ser völkischen Gemeinschaft (...) Er erscheint*
> *nur in einem Fortschritt des deutschen oder des*
> *englischen oder des russischen Gedankens."*[50]

Der Wille zur Praxis ist schon beim frühen Georg SCHMIDT voll ausgeprägt. 1918 kurz vor Ende des Krieges reicht er den kaiserlichen Behörden die erste geheime Denkschrift ein. Titel:

> *"Was muß geschehen, um die kommende Revolution abzu-*
> *wenden."*[51]

Es überrascht nicht, ihn in Verbindung mit den Führern der späteren Jungkonservativen zu sehen.[52] Zusammen mit Paul ROHRBACH arbeitet er an *"Vorschlägen zu Sprachfragen im be-setzten Rußland".*[53] Die Jungkonservativen verband vor allem der Kampf gegen den aufkommenden Kommunismus miteinander.[54] Sie waren maßgeblich an der Ermordung von Rosa LUXEMBURG und Karl LIEBKNECHT beteiligt. Paul ROHRBACH war einer ihrer intelligentesten Führer. Zwar hatte auch er Probleme mit den Nazis. 1938 wird er aber durch das kulturpolitische Archiv offiziell rehabilitiert.[55]

Nach dem 1. Weltkrieg verläuft die Ostgrenze 100 km östlich von SCHMIDTs Heimatstadt Frankfurt/Oder, dem Mittelpunkt der östlichen Kurmark. Die Ostgrenze entlang dem Korridor oder - wie sich Georg SCHMIDT in dem Titel einer bislang nicht aufgefundenen Denkschrift ausdrückt - entlang "der Schneide des Keils"[56] ist das σκάνδαλον, das die älteren Wandervögel dieser Region zu einem erratischen Block mit erheblicher Aggressivität zusammenschweißt (vgl. Fig. 3). Sie schließen sich 1920 in Kronach mit westlichen Wandervogelgruppen zusammen, hauptsächlich um diese für ihre revanchistische Ostpolitik und für die Verstärkung von Wehrertüchtigungsübungen im Wandervogel zu gewinnen. Georg SCHMIDT ist der Wortführer dieser ostmärkischen Wandervögel auf den Tagungen des Kronacher Bundes.[57] Sein Bruder Willy gibt als Leiter des Gaus mittlere Ostmark

die Wandervogelzeitschrift "Heilige Ostmark" heraus. Diese
Zeitschrift scheint mir für die Geschichte des Wandervogels

Fig. 3: Das σκάνδαλον der ostmärkischen Gaue des WV (Graphik
der "Heiligen Ostmark" 7.1.1931, 8f)

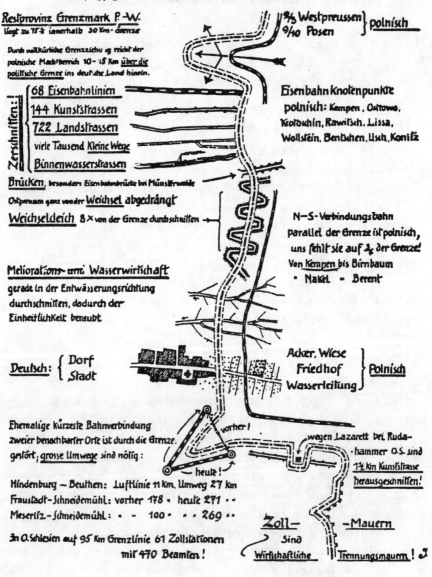

Gehässige Grenzziehung im deutschen Osten:

auf seinem Weg zum Nationalsozialismus auch für Zeithistori-
ker der Beachtung wert. Georg SCHMIDT publiziert hier viele
seiner Aufsätze. 1931 organisiert er eine "Sondergabe" dieser
Zeitschrift (vgl. Fig. 4). Das Titelblatt mit dem Vers von
Theodor STORM "Die fremde Sprache schleicht von Haus zu Haus"
wurde wahrscheinlich von ihm selbst gestaltet. In diesem Heft
geht es weniger um Fremdworthatz, sondern um die Gefahr, der
die Grenz- und Auslanddeutschen stets ausgesetzt seien, mit
der Übernahme einer nichtdeutschen Sprache von fremdem Volkstum aufgesogen zu werden.

Fig. 4: Das Titelblatt der Sondergabe der "Heiligen Ostmark"
1931

Sondergabe der „Heiligen Ostmark"

Zeitschrift für Kulturfragen des deutschen Ostens

SCHMIDT-ROHRs selbstverfaßte Beiträge zu dieser Sondergabe
sind Vorabdrucke seines 1932 erscheinenden Hauptwerkes "Die
Sprache als Bildnerin der Völker". Die übrigen Beiträge stammen von seinen Förderern, dem Mitbegründer der Deutschkundebe-
wegung Friedrich PANZER, dem jungkonservativen Jenaer Volks-
tumswissenschaftler Max Hildebert BOEHM,[58] dem Vorsitzenden
des "Deutschen Sprachvereins" Richard JAHNKE und dem Schriftleiter der Zeitschrift "Muttersprache", Oskar STREICHER. Warum
SCHMIDT-ROHR einen seiner Beiträge pseudonym veröffentlicht
(A. LICHT), ist nicht klar. Vielleicht war es ihm wirklich
Grund genug, eine gewisse Häufung seines Namens als Verfasser
von Artikeln in dieser Sondergabe zu vermeiden.

1933 nach der Gleichschaltung sämtlicher Jugendgruppen mit der
HJ übernimmt der "Bund deutscher Osten", eine Untergliederung
der NSDAP, die Zeitschrift. SCHMIDT-ROHRs Bruder Willy, der
weiterhin Herausgeber und Schriftleiter der Zeitschrift bleibt,
schreibt dazu im ersten neuen Heft:

> *"Wäre ein Wechsel in der Marschrichtung notwendig*
> *geworden, hätte ich die Führung der Zeitschrift so-*
> *fort aus eigenen Stücken abgegeben. Die Kameraden*
> *seit 1925 wissen aber, daß von dorther ein ganz ge-*
> *rader Weg bis heute führt, ein Weg, der andeutungs-*
> *weise schon 1925, ganz deutlich nachweisbar aber*
> *seit 1927 mit einem sehr bedeutsamen Aufsatz 'Die*
> *Ostmark des Abendlandes' von Dr. Georg SCHMIDT-ROHR*
> *zum Nationalsozialismus führt."*[59]

Zweifellos ist es richtig, daß die *"Heilige Ostmark"* in ihrem
"Drang nach Osten"[60] nicht unwesentlich dazu beitrug, daß die
nationalsozialistische Ostpolitik mit ihren kriegerischen Zielen in dieser Region später auf keinen nennenswerten Widerstand stieß. Es muß auch berücksichtigt werden, daß Georg
SCHMIDT sich im Wandervogel schon 1924 "zum Typus des Ober-
hakenkreuzlers und Hitler-Soldaten gestempelt" sieht,[61] und
daß er sich gegen diesen Vorwurf nur halbherzig zur Wehr
setzt.[62] Dennoch muß dieses Zitat auf dem Hintergrund der Un-
billen gesehen werden, die SCHMIDT-ROHR wegen seines 1933 gerade laufenden Parteiausschlußverfahrens zu erleiden hat.[63]
Auch der von seinem Bruder exemplarisch genannte Aufsatz, der

im gleichen Heft, um diverse Graphiken erweitert und um "Nicht-
Zeitgemäßes" gekürzt, nochmals abgedruckt ist, fällt keines-
falls durch besondere NS-Freundlichkeit auf. Nichtsdestowe-
niger machen die zitierten Passagen klar, wie wenig Widerstand vonseiten des ostmärkischen Wandervogels der Gleichschaltung entgegengesetzt wurde, und wie schwach SCHMIDT-
ROHRs antirassistische Äußerungen im Wandervogel verankert
waren. Zugleich deuten sie an, daß es kein Zufall war, daß
SCHMIDT-ROHR zehn Jahre später als Leiter der "Forschungs-
stätte für angewandte Sprachsoziologie" im Amt Wissenschaft
der SS in Erscheinung tritt. Darüber an anderer Stelle mehr.[64]

Sprachtheoretisch bewegen sich SCHMIDT-ROHRs Arbeiten Anfang
der 30er Jahre - auch im internationalen Vergleich - voll
auf der Höhe der damaligen Linguistik. Am Grundansatz und
selbst an der Grundbegrifflichkeit hat er wenig geändert. Lediglich den Begriff der "Andeutung" ersetzt er durch den des
"Zusammengriffs".[65] Sein pathetischer Stil und die latent
stets vorhandene Gefahr, auch inhaltlich ins Brutalistische
abzugleiten, werden nicht erst heute viele Leser vor den Kopf
gestoßen haben. Ein Beispiel soll hier für viele stehen:

*"Im bunten Garten des Volkes verdienen die der Ge-
meinschaft dienenden Menschen Ehre und Achtung,
die ihr gegenüber Gleichgültigen Gleichgültigkeit,
die der Gemeinschaft schädlichen sind wie schäd-
liches Unkraut mit Feuer und Schwert auszurotten,
ganz gleich, in welcher Maske sie einherschreiten.
Schlagt sie tot!"[66]*

Ich bin keineswegs der Auffassung, daß man solche Textstellen
mit fatalistischen Kommentaren über Licht und Schatten oder
dergleichen übergehen sollte. Im Gegenteil, es geht darum, den
Zusammenhang solcher Brutalismen mit dem Kern der vertretenen
wissenschaftlichen und politischen Auffassungen herauszuarbei-
ten. Man muß einfach sehen, daß selbst ein sprachtheoretischer Integrationsansatz wie der der Sprachinhaltsforschung,
deren Erklärungsstärke gegenüber ihren linguistischen Vorfahren gar nicht geleugnet werden kann, in sich selbst keinen
Widerstand barg gegen seine Brutalisierung z.B. in SCHMIDT-
ROHRs geheimen Denkschriften,[67] mehr noch: derartige Konse-

quenzen fast unvermeidlich nach sich zog. Man muß überdies sehen, daß die heutigen Sprachtheorien im Gefolge des strukturalistischen Paradigmas - was für Sprachwissenschaftshistoriker nicht überraschend sein dürfte - erhebliche Affinitäten und Übereinstimmungen mit der ganzheitlich-energetischen aufweisen, daß aber auch diese offenkundig keinerlei Widerstände gegen praktische Konsequenzen vor allem im militärischen Bereich enthalten.[68]

Es heißt aber, das Problem des Praxisbezugs zu verdrängen, wenn man solche Brutalismen als Anlaß nimmt, um den wissenschaftlichen Ansatz oder gar die gesamte deutsche Wissenschaft der damaligen Zeit global als minderwertig zu diffamieren. Der von Utz MAAS richtig beobachtete Tatbestand, daß die Sprachinhaltsforschung außerhalb Deutschlands so gut wie keine Resonanz fand,[69] sagt nichts über die Qualität dieses Ansatzes, zumal ausländische Linguisten selten einmal seine Minderwertigkeit kritisieren als vielmehr seine (wegen der Germanophilie) Nicht-Übertragbarkeit auf andere Länder und Sprachen.

Ich fasse zusammen: Georg SCHMIDT-ROHRs Sprachtheorie hängt zentral mit seiner Tätigkeit als Wandervogelführer zusammen. Der Wandervogel ist ihm - und darin weiß er sich mit seinen Bundesgenossen einig - ein "verkleinertes Abbild des Volkes",[70] mehr noch: ein ethisches "Musterbild (...), wie es das Volk als Ganzes haben muß, wenn es soll leben können."[71] Wesentliches Bestimmungsmerkmal des Volkes ist aber die Sprache. Volk ist allem voran Sprachgemeinschaft. Die Art von Sprachwissenschaft, die SCHMIDT-ROHR betreibt, ist aus dem Grunde wesenhaft Volkskunde - oder wie er im Anschluß an seinen jungkonservativen Förderer Max Hildebert BOEHM häufiger schreibt - Volkstumswissenschaft. Vor allem in der Frühsphase hat man nicht selten den Eindruck, daß für ihn Volkstumswissenschaft in Sprachwissenschaft aufgeht. Aber auch später bildet Sprachwissenschaft stets den Mittelpunkt der Volkstumswissenschaft.

Das gegenwärtige Interesse an der Wandervogel-Bewegung dürfte sich einiger Gemeinsamkeiten mit der Friedens- und Umweltbewegung verdanken. Beide Bewegungen sind zentral Jugendbewegungen mit erheblichem Protestpotential. Beiden Bewegungen

geht es unter anderem um eine Neuentdeckung der Natur und um
eine Neubewertung einiger Gemeinschaftswerte. Diese eher formalen Gemeinsamkeiten verwandeln sich aber bereits bei einer
genaueren Analyse in nicht unerhebliche Unterschiede. Gerade
Georg SCHMIDT repräsentiert eine Richtung im Wandervogel, die
sich mit Vehemenz dagegen wehrt, als Aufbegehrende gegen die
Erwachsenenwelt eingestuft zu werden. In der Tat hätten sich
die Wandervogelgruppen schon aus juristischen Gründen überall,
wo sie vor dem 1. Weltkrieg entstanden, ohne die schützende
Hand meist liberaler Eltern, Lehrer und anderer Erwachsener
gar nicht erst bilden können. Die Neuentdeckung der Natur
war keine Entdeckung ihres relativen Eigenrechts, sondern -
zugespitzt formuliert - die von Naturgefühlen. Gelegentliche
Warnungen vor dem Raubbau an der Natur blieben eine Seltenheit. Der Friedensgedanke spielte zwar auch in den 20er Jahren in der Wandervogelbewegung eine gewisse Rolle, war dem
"deutschen Gedanken" aber fast überall untergeordnet. Es ist
nicht bekannt, daß der WV der Kriegsbegeisterung zu Beginn des
1. Weltkriegs in nennenswerter Weise entgegengetreten ist.

Es ist hier nicht der Ort, Kritik an der Friedens- und Umweltbewegung zu artikulieren. Sie ist sicher bitter notwendig.
Ich glaube aber, daß man sich vertut, wenn man die Parallelen
zur Wandervogelbewegung in diese Richtung überstrapaziert.

Anmerkungen

1 Bei der Eruierung der zitierten Archivalien unterstützten
mich Brigitte LORENZONI und Martin GNANN. Für Hinweise be-
züglich einiger Teilaspekte des Beitrags danke ich Eva
GRUND, Marion SCHWEIZER und Horst GERBIG.
Folgende Abkürzungen verwende ich:
E.V. = Eingetragener Verein
Fig. = Figur
S-R = Schmidt-Rohr
WV = Wandervogel

2 vgl. a. Gerd SIMON: Sprachwissenschaft im III. Reich. Ein
erster Überblick. in F. JANUSCHEK (Hg.): Politische Sprachwissenschaft. Zur Analyse von Sprache als kultureller Praxis. Opladen 1985 S. 101ff

3 ebd.

4 zu diesem und dem Folgenden s. Gertrud FULDA: Erinnerungen
an seine Wandervogelzeit. in: H. JANTZEN (Hg.): Namen und
Werke. Biographien zur Soziologie der Jugendbewegung. Ffm
1982 Bd. 5, S. 89 - dies.: Lebenslauf des F.W. FULDA. Al
Akte "Fulda"

5 Diese Kennzeichnung kursierte nicht nur im engeren Umkreis
von FULDA. Der Leipziger Verleger Erich MATTHES berichtet,
daß er allgemein so genannt wurde. AL, gedr. in KINDT II,
170f

6 G. SCHMIDT: Zu dem Artikel "Die Beteiligung der studieren-
den Frauen im akademischen Leben." Berliner freistudentische
Blätter" 2, 1910, 221f - Die Angaben in SIMON, 1985b, Anm.
12, die auf SCHMIDT-ROHRs Literaturlisten von 1933 (BDC
akte 'S-R', RSK)
und 1939 (BDC Akte 'S-R', Ahnenerbe, und KA Wien 282, Bl
18-22) beruhen, sind falsch. SCHMIDTs Affinität zu den
Jungkonservativen wird schon in diesem Beitrag deutlich:
Feminismus ist ihm "ein Symptom einer überreifen Kultur,
ein Vorzeichen nahenden Untergangs". Das Frauenstudium ist
ihm mit Hinweis auf JUVENAL und den Untergangs Roms "eine
bedauerliche Kulturerscheinung", die er allerding "durch
den ZWANG der sozialen Verhältnisse" bedingt sieht. Das
Thema "Frau" scheint SCHMIDT später nicht mehr berührt zu

haben.

7 G. SCHMIDT-ROHR: Von meinem Werden und Wollen. BDC Akte
"S-R", EA, Bl. 3

8 Georg MÜLLER: Rund um den Hohen Meißner - abgedr. in: W.
KINDT (Hg.): Die Wandervogelzeit. (Quellenschriften der
deutschen Jugendbewegung 1896-1919. Dokumentation der Jugendbewegung Bd. II). Düss., Köln. 1968 S. 321f

9 G. SCHMIDT: Wandern und Vaterlandsliebe. Der Kunstwart 26,
Juli 1913, 24

10 Kunstwart 27, März 1914, 433-5

11 ebd. S. 434f

12 ebd. S. 435

13 s. Johannes LOWAG: Auf zur Landarbeit an der Sprachgrenze
in der Tschechoslowakai. Der Zwiespruch 10.6.1923 S. 2

14 G. SCHMIDT-ROHR: Von meinem Werden und Wollen. BDC, Akte
"S-R", AE, S.3

15 G. SCHMIDT: Nein, nein! Das ist nicht unser Wandervogel.
Wandervogelführerzeitung H. 3, Feb. 1913, 47

16 ebd. S. 48

17 für dies und das Folgende s. "Bundesmitteilungen". Wandervogel - Mon.schr. für dt. Jugendwandern H. 11, Nov. 1913
(vgl. a. KINDT II, 1968, 260) - s.a. ebd. H.7, Juli 1914,
S. 101 (vgl. AHRENS, 1954), 39 u. 66) - s.a. W. WEBER:
Protokoll der Bundeshauptversammlung. Sitzg. 12.4.1914 abgedr. in KINDT II, 286-291 - s.a. W. FISCHER: Zum Bundes-
tagsbeschluß in der Judenfrage. Wandervogelführerzeitung
H. 6, Juni 1914 (vgl. a KINDT II, 301f)

18 Wilh. MAU: Wandervogel und "Anfang". abgedr. in: KINDT II,
302

19 Zu diesem und dem Folgenden s. Christian SCHNEEHAGEN: Die
Freideutsche Jugend und der Wandervogel im Preußischen
Abgeordnetenhause. Der Wanderer H.3 Juni 1914 (zit. nach
KINDT II, 570f)

20 G. SCHMIDT: Randbemerkungen zu Zeit- und Streitfragen der
Wandervogelbewegung. Osnabrück 1916, 1917[2] S. 31f

21 ebd.

22 G. SCHMIDT: Gedanken zum Ausbau des Bundes der Landsge-
meinden. II. Landsgemeinde 1914, 44

23 ebd. S. 45

24 ebd.

25 Hermann GIESECKE: "Vom Wandervogel bis zur Hitlerjugend.
Jugendarbeit zwischen Politik und Pädagogik." München 1981

26 Utz MAAS: "Als der Geist der Gemeinschaft eine Sprache
fand." Sprache im Nationalsozialismus. Opladen 1984

27 G. SCHMIDT-ROHR: Von meinem Werden und Wollen. BDC, Akte
"S-R", AE

28 G. SCHMIDT-ROHR: Von meinem geistigen Werdegang. UA Wien
282 Bl. 2f

29 In seinem Hauptwerk stellt er sich zwar gelegentlich Zwei-
feln an der Priorität des Volksbegriffs, begründet damit
sogar die Notwendigkeit seiner wissenschaftlichen Arbeit:

> *"Wenn wir auf die Vernichtungen sehen, auf all*
> *die Opfer an Blut und Leid, (...) so werden auch*
> *Augenblicke des Zweifels kommen, ob dieser so*
> *gefährliche Gemeinschaftswille gar auf Selbst-*
> *täuschung und den Hirngespinsten einer romanti-*
> *schen Befangenheit beruht, die ein neues Zeit-*
> *alter mitleidig belächeln wird." (Mutter Sprache...*
> *Jena 1933[2] S. 4)*

Es ist aber kaum irgendwo spürbar, daß er sich auch nur an
einer Stelle ernsthaft auf diese Zweifel einläßt. Er konfrontiert häufiger den Volks- dem Menschheitsbegriff,
kanzelt letztere aber ohne große Diskussion sofort wieder
als "Whnbegriff" ab (ebd. S. 290f).

30 Natürlich hatte bei der Entstehung des nationalsozialistischen Begriffs "Führer" der des "Duce" im italienischen
Faschismus Pate gestanden. Die Wirkung des Führer-Begriffs
in Deutschland ist freilich ohne seine jugendbewegte Vorgeschichte nicht verständlich.

31 vgl. etwa Otto NEULOH: Wertordnung und Wirklichkeit im
Wandervogel... in: O. NEULOH/W. ZILLIUS: Die Wandervögel.
Gött. 1982 S. 36.- Die Aussage wird m.W. in der WV-For-
schung nicht bestritten.

32 G. SCHMIDT-ROHR: Von meinem Werden und Wollen, a.a.O. Bl. 4

33 zitiert nach G. SCHMIDT: Die Muttersprache als Waffe und
Werkzeug des deutschen Gedankens (Tat-Flugschriften 20).

Jena 1917 S. 14

34 ebd. S. 19

35 ebd. S. 26
Gebrauchstheoretische Ausführungen finden sich später vor
allem in: S-R: Das System der Sprachlehre in der Volks-
schule. Die deutsche Schule 1933, 233-240

36 ebd. S. 46

37 ebd. S. 27

38 ebd. S. 40ff

39 ebd. S. 40

40 ebd.

41 ebd. S. 41

42 ebd. S. 49

43 ebd. S. 41

44 ebd. S. 35

45 ebd. S. 43

46 ebd. S. 47

47 ebd.

48 ebd. S. 48

49 ebd.

50 ebd. S. 36

51 SCHMIDT-ROHR, G.: Von meinem Werden und Wollen (1942). BDC
Akte "S-R", S. 4 - s.a. SCHMIDT-ROHR an BRANDT, 30.10.44
BA Kobl. NS 21/39

52 zu den Jungkonservativen s.v.a. Joachim PETZOLD: Wegberei-
ter des deutschen Faschismus. Die Jungkonservativen in der
Weimarer Republik. Köln 1978.

53 SCHMIDT-ROHR, G. Von meinem geistigen Werdegang. (1944).
UA Wien 282 Bl. 14 - Zu Paul ROHRBACH s. die Biographien
von BIEBER, H.: Paul R. ein konservativer Publizist und
Kritiker der Weimarer Republik. Mchn/Pullach-(West)Bln 1972
/Walter MOGK: Paul R. und das "Größere Deutschland".
Ethischer Imperialismus im Wilhelminischen Zeitalter. Ein
Beitrag zur Geschichte des Kulturprotestantismus. Mchn. 1972.
Vgl. a. OPITZ, R.: Der deutsche Sozialliberalismus 1917-
1936. Köln 1973

54 Zu diesem und dem Folgenden s. PETZOLD a.a.O.

55 Kulturpolitisches Archiv der Dienststelle ROSENBERG

an Volksbildungswerk Abt. II, 14.11.1938 - BA Kobl. NS
15/27

56 Untertitel: Denkschrift über die Mittlere Ostmark. vgl. G.
SCHMIDT-ROHR: Veröffentlichungen. UA Wien 282 Bl. 18 Nr. 6

57 s. die Zeitschrift "Der Kronacher Bund" (ab 1921), in der
er auch publiziert.

58 zu BOEHM s.v.a. PETZOLD a.a.O.

59 Hlg. Ostmark 10,1,1934,3

60 Zur Geschichte des "Dranges nach Osten" s. W. WIPPERMANN:
Der 'Deutsche Drang nach Osten'. Ideologie und Wirklichkeit
eines politischen Schlagwortes. Darmstadt 1981

61 G. SCHMIDT: Ein Brief. Der Kronacher Bund 4, 1924, 15

62 vgl. a. G. SCHMIDT: Hakenkreuz und Stahlhelm. Deutsches
Volkstum, Märzheft 1925, 12ff

63 zum Parteiausschlußverfahren ausführlich in: G. SIMON:
Wissenschaft und Wende 1933. Zum Verhältnis von Wissen-
schaft und Politik am Beispiel des Sprachwissenschaftlers
Georg SCHMIDT-ROHR (in Kürze).

64 s. G. SIMON: Die sprachsoziologische Abteilung der SS in:
W. KÜRSCHNER/R. VOGT (Hg.): Akten des 19. Linguistischen
Kolloquiums Vechta. Bd. 2: Sprachtheorie, Pragmatik, Inter-
disziplinäres. Tüb. 1985 - ders.: Wissenschaft und Wende
1933. Zum Verhältnis von Wissenschaft und Politik am Beispiel des Sprachwissenschaftlers Georg SCHMIDT-ROHR (in
Kürze)

65 explizit in: Mutter Sprache ... S. 15

66 S-R: Die Sprache als Bildnerin der Völker... Jena 1932 S.
378 = Mutter Sprache... 1933^2 S. 387

67 Ein Teil dieser Denkschriften ist abgedruckt in: SIMON,
G. (Hg.): Sprachwissenschaft und politisches Engagement...
Weinheim 1979 - Der größte Teil dieser Denkschriften ist
bislang noch nicht aufgefunden.

68 Das Dilemma des Wissenschaftshistorikers ist nicht weniger
wie das des Wissenschaftspioniers, daß er sein Erschrecken
vor den Anwendungsmöglichkeiten einer Theorie nicht kon-
kretisieren kann, ohne das zu tun, was er - eine forschungs-
ethische Einstellung vorausgesetzt - gerade vermeiden will,
nämlich schlafende Ungeheuer zu wecken. Für mich selbst war

die Erkenntnis einer Anwendungsmöglichkeit der transfor-
mationellen Semantik im geheimdienstlichen Bereich der Anlaß, weshalb ich 1970 meine systemlinguistischen Forschungen abrupt abbrach, mich erst einmal intensiv mit den wirt-
schaftlichen und politischen Bedingungen von Wissenschaft
befaßte und seitdem nur noch die Ergebnisse meiner didakti-
schen und forschungsgeschichtlichen Studien veröffentlichte.
Ich schließe aber nicht aus, daß ich in Zukunft auch wieder
als Wissenschaftspionier tätig sein werde. Zum Praxisbezug
der modernen Linguistik s. EISENBERG, P./HABERLAND, H.:
Das gegenwärtige Interesse an der Linguistik. Das Argumennt
72, 1972, 326-349 - SIMON, G.: Sozioökonomische Bedingungen
soziolinguistischer Metakommunikation, in: AMMON, U./SIMON,
G.: Neue Aspekte der Soziolinguistik. Weinheim 1975, S.
33-64. - Die militärischen Anwendungsmöglichkeiten der Linguistik sind in diesen Arbeiten weitgehend ausgespart.

69 U. Maas, Die vom Faschismus verdrängten Sprachwissenschaftler - Repräsentanten einer anderen Sprachwissenschaft?,
erscheint in: E. Böhme/W. Motzkau-Valeton (Hgg.), Die Kün-
ste und Wissenschaften im Exil. Beiträge zur "Woche der
verbrannten Bücher" 1983 in Osnabrück, Heidelberg: Lambert
Schneider, Bd. 1 (eine zum Buchmanuskript erweiterte
Fassung des Beitrages erscheint 1986 im Westdeutschen Verlag).

70 S-R: Die Sprache als Bildnerin... S. 382 = Mutter Sprache...
S. 391

71 ebd.

Über die Autoren

Hermann Bausinger, *1926, promovierte nach Abschluß des Germanistikstudiums 1952 in Volkskunde. Nach der Habilitation Berufung auf einen volkskundlichen Lehrstuhl an der Universität Tübingen, wo Bausinger seit 1960 das Ludwig-Uhland-Institut für empirische Kulturwissenschaft leitet. Neben allgemeineren Abhandlungen zu Kulturtheorie und Kulturgeschichte zahlreiche Veröffentlichungen zur Erzählforschung, zu soziolinguistischen Fragen u.ä. Hermann Bausinger ist Mitherausgeber der Enzyklopädie des Märchens.
(Volkskultur in der technischen Welt. Stuttgart 1961; Formen der 'Volkspoesie'. Berlin ²1980; Volkskunde. Tübingen ³1982; Dialekte, Sondersprachen, Sprachbarrieren (Deutsch für Deutsche). Frankfurt ³1984.)

Utz Maas, *1942 in Bonn. Professor für Germanische und Allgemeine Sprachwissenschaft an der Universität Osnabrück. Vorher Lehrtätigkeit an den Universitäten in Roskilde (Dänemark), Hamburg und Berlin.
Arbeitsschwerpunkte: Kulturanalytische Sprachwissenschaft; Sprachliche Verhältnisse in der bürgerlichen Gesellschaft, insbesondere die Modernisierung der sprachlichen Verhältnisse in der Frühen Neuzeit (Forschungsprojekt zu den Entwicklungen in Osnabrück als Fallstudie dazu).
Publikationen: u.a. Grundkurs Sprachwissenschaft I: Grammatiktheorie, München 1973 (3. Aufl. Frankfurt 1979); Kann man Sprache lehren? Für eine andere Sprachwissenschaft, Frankfurt 1976 (2. Aufl. 1979); Als der Geist der Gemeinschaft eine Sprache fand. Sprache im Nationalsozialismus. Versuch einer historischen Argumentationsanalyse, Opladen 1984.

Herbert E. Brekle, *1935. 1951-57 Ausbildung und Tätigkeit als Schriftsetzer und Korrektor. 1958-1963 Studium der Anglistik, Romanistik und Philosophie in Tübingen, 1963 Promotion, Wiss. Ass. bis 1969, Habilitation in Englischer Philologie, ab 1969 Lehrstuhl für Allg. Sprachwiss. an der Universität Regensburg. 1972-82 Mitglied des Regensburger Stadtrats bzw. Bezirkstags

der Oberpfalz. Hrsg.: Grammatica universalis 1966-   , Mitherausgeber der Linguistischen Arbeiten (Tübingen).
Monographien: Generative Satzsemantik im System der englischen Nominalkomposition (1970, [2]1976), Semantik (1972), Einführung in die Geschichte der Sprachwissenschaft (1985).

Jutta Dornheim, Dr. rer. soc.,Akad. Rätin beim Studiengang "Weiterbildung für Lehrpersonen an Schulen des Gesundheitswesens" der Universität Osnabrück. Studium der Volkskunde, Linguistik und Neueren Deutschen Literatur in Tübingen. 1981-84 Wiss. Mitarbeiterin beim DFG-Projekt "Heilkultur und Krebs" am Ludwig-Uhland-Institut der Universität Tübingen. Veröff. auf den Gebieten Volksmedizinforschung, Methoden der Kulturanalyse, Geschichte der medikalen Alltagskultur.

Franz Januschek, *1949 in Hamburg. 1975/76 Studium der Allgemeinen Sprachwissenschaft, Philosophie und Informatik an der Universität Hamburg, dort am 5.11.76 Promotion in den genannten Fächern. Diss. "Sprache als Objekt - "Sprechhandlungen" in Werbung, Kunst und Linguistik". 1976 Ernennung zum Wiss. Ass. für "Germanistik, Linguistik: Sprache im gesellschaftlichen historischen Kontext" in Oldenburg. Wintersemester 1978/79 bis Sommersemester 1980: nebenamtlicher Lehrauftrag an der Universität Osnabrück zum Grammatikunterricht. 1981 Ernennung zum Hochschulassistenten im Fach Germanistik an der Universität Oldenburg.
Hrsg.: 1984 Politische Sprachwissenschaft. Opladen: Westdeutscher Verlag. Arbeit und Sprache, in Vorbereitung.

Klaus J. Mattheier, Germanistisches Seminar der Universität Heidelberg.
*1941, Promotion Bochum 1970 (Geschichte), Habil. Bonn 1979. Wichtigste Publikationen: Pragmatik und Soziologie der Dialekte, Einführung in die kommunikative Dialektologie des Deutschen, Heidelberg 1980 (UTB 994); Sprachverhalten in ländlichen Gemeinden. Forschungsbericht Erp-Projekt Bd. I-II, Berlin 1981, 1983 (mehrere Beiträge); Hrsg.: Aspekte der Dialekttheorie, Tübingen 1983 (RGL 46); Mithrsg.: Ortssprachenforschung. Beiträge zu einem Bonner Kolloquium, Berlin 1985; Mitautor: E. Klein, K.J. Mattheier, H. Mickartz, Rheinisch,

Düsseldorf 1978 (Dialekt/Hochsprache - Kontrastiv H.6); B.
Herzog, K.J. Mattheier, Franz Haniel 1779-1868. Materialien,
Dokumente und Untersuchungen zu Leben und Werk des Industrie-
pioniers Franz Haniel, Bonn 1979; Bearb. m.W. Herborn, Die
älteste Rechnung des Herzogtums Jülich, Jülich 1981 (Veröff.
d. Jülicher Geschichtsvereins 1). Zahlreiche Aufsätze zu
dialektologischen, sprachgeschichtlichen und volkskundlichen
Themen.

Judith McAlister-Hermann, *1941 in Memphis, Tennessee, seit
1970 in der BRD wohnhaft. Zwischen BA 1963 (Deutsch und Che-
mie, University of Arkansas/Fayetteville), MA 1966 (Germanistik, Indiana University/Bloomington) und PhD 1975 (germanische Sprachwissenschaft, IU/B) diverse Jobs. Seit 1979 be-
fristete Stellen in Lehre und Forschung (im Projekt "Sprachliche Verhältnisse in Osnabrück in der frühen Neuzeit") an
der Universität Osnabrück. Veröffentlichungen zur deutschen
Sprachgeschichte im 16./17. Jhd. und zu neuer feministischer
Literatur. Arbeitsvorhaben zu den Beziehungen zwischen Wissenschaft und Volkssprache in der frühen Neuzeit.

Klaus P. Schneider, *1955 in Giessen, Wissenschaftlicher Mit-
arbeiter am Institut für englische und amerikanische Philologie, Abteilung Sprachwissenschaft, der Philipps-Universität
Marburg. Studium in Marburg, Edinburgh und Moskau. Staats-
examen für das Lehramt an Gymnasien in Englisch und Russisch.
Dissertation zur pragmalinguistischen Analyse phatischer Diskurse, laufende Promotion bei Prof.Dr. Rüdiger Zimmermann.

Gerd Simon, Deutsches Seminar der Universität Tübingen, Wil-
helmstr. 50, 7400 Tübingen, *1937. Studium der Germanistik,
ev. Theologie, Philosophie und Pädagogik. 1968 Promotion.
1969 Lehrauftrag für Sprachstatistik an der Universität Hamburg, ab 1970 Akademischer Rat bzw. Oberrat am Dt. Seminar der
Universität Tübingen. Hauptarbeitsgebiete: linguistische
Philologie, quantitative Linguistik, linguistische Hochschul-
didaktik, Soziolinguistik, Bedeutungslehre, Geschichte der
neueren Linguistik. Wichtigste Publikationen: "Die erste
deutsche Fastnachtsspieltradition. Zur Überlieferung, Text-
kritik und Chronologie der Nürnberger Fastnachtsspiele des

15. Jahrhunderts" (Lübeck, Hamburg 1975), "Neue Aspekte der
Soziolinguistik" (zusammen mit Ulrich Ammon), (Weinheim 1975),
"Prinzipien wissenschaftlicher Studienplanung am Beispiel der
germanistischen Linguistik" (Tübingen 1976), "Vorschläge zum
Aufbau des Studiums für germanistische Linguistik" (ebd.
1979), "Sprachwissenschaft und politisches Engagement. Zur
Problem- und Sozialgeschichte einiger sprachtheoretischer,
sprachdidaktischer und sprachpflegerischer Ansätze in der
Germanistik des 19. und 20. Jahrhunderts" (Weinheim 1979),
Mitherausgeber der Reihe "Pragmalinguistik", zahlreiche Auf-
sätze in Sammelbänden und Zeitschriften.

Marlis Hellinger (Hrsg.)
Sprachwandel und feministische Sprachpolitik:
Internationale Perspektiven
1985. VI, 263 S. 15,5 X 22,6 cm. Br.

In 15 Beiträgen beschreiben führende europäische und amerikanische Linguistinnen sprachliche Veränderungen, die unter dem Einfluß der Frauenbewegung/en in sieben germanischen und romanischen Sprachen eingetreten sind. Insbesondere im Bereich weiblicher Personenbezeichnungen sind zwei starke Tendenzen des sprachlichen Wandels zu beobachten, nämlich Forcierung des Femininums einerseits und verstärkter Gebrauch generischer Ausdrücke andererseits. Das Buch ermöglicht den Vergleich verschiedener Sprachen in diesem Strukturausschnitt und gleichzeitig die Ableitung allgemeiner Aussagen über sprachlichen Wandel in seiner Abhängigkeit von linguistischen, gesellschaftlichen und sprachpolitischen Faktoren.

Gerd Kegel / Thomas Arnold / Klaus Dahlmeier
Sprachwirkung
Psychophysiologische Forschungsgrundlagen und ausgewählte Experimente
1985. VIII, 183 S. 15,5 X 22,6 cm.
(Beiträge zur psychologischen Forschung, Bd. 6.) Br.

Die Wirkungszusammenhänge sprachlicher Mittel können auf einer experimentell gesicherten Basis erforscht werden, indem psychophysiologische Befunde mit dem ablaufenden Rezeptionsprozeß und den anschließend erhobenen Behaltensleistungen in Vergleich gesetzt werden. Dieses Buch expliziert die theoretischen, organismischen und meßtechnischen Grundlagen der Sprachwirkungsforschung und referiert exemplarische Versuche.

Utz Maas
„Als der Geist der Gemeinschaft eine Sprache fand"
Sprache im Nationalsozialismus.
Versuch einer historischen Argumentationsanalyse
1985. 261 S. 15,5 X 22,6 cm. Br.

An Dokumenten des nationalsozialistischen Alltags (von Küchenrezepten bis zu Rundschreiben der HJ) entwickelt Utz Maas Verfahren zur Analyse der Sprachpraxis, die die „Polyphonie" der Texte herausarbeiten: ihre je unterschiedliche Bedeutung, die sie für den hatten, der sich mit den Verhältnissen arrangierte, den, der opponierte oder aber auch den, der Parteigänger des NS war. Das benutzte Verfahren stellt keine spezifisch szientifischen Ansprüche; es wird so eingeführt, daß es insbesondere auch für den Schulunterricht handhabbar ist. Die Auseinandersetzung mit den sprachwissenschaftlichen Implikationen des Ansatzes erfolgt in einem ausführlichen Anhang.

Westdeutscher Verlag

Helga Andresen
Schriftspracherwerb und die Entstehung von Sprachbewußtsein
1985. VIII, 248 S. 15,5 X 22,6 cm. Br.

Die Beherrschung von Schriftsprache erfordert die Fähigkeit, sprachliche Äußerungen nach bestimmten Kriterien bewußt zu strukturieren (z.B. Markierung von Wortgrenzen, Darstellung von Einheiten der Lautstruktur). In dem Buch wird die These entwickelt und begründet, daß Kinder die Fähigkeit zur bewußten Strukturierung von Sprache nicht schon während des Primärspracherwerbs aufbauen, sondern sie im wesentlichen während des Schriftspracherwerbs erlernen. Die Frage, welche Bedeutung die schon bei kleinen Kindern zu beobachtende spontane Sprachreflexion für den Prozeß der Bewußtwerdung von Sprache beim Schriftspracherwerb haben könnte, wird gründlich untersucht.

Franz Januschek (Hrsg.)
Politische Sprachwissenschaft
Zur Analyse von Sprache als kultureller Praxis
1985. VI, 361 S. 15,5 X 22,6 cm. Br.

Die Beiträge des Bandes zeigen, daß eine politische Sprachwissenschaft sich nicht darin erschöpfen kann, die „Sprache in der Politik" zu untersuchen: Indem wir sprechen/schreiben und verstehen, arbeiten wir gleichzeitig an den kulturellen Formen, in denen sich unsere Gesellschaft organisiert. — Neben theoretisch-methodologischen Aufsätzen stehen empirische Arbeiten, die die sprachliche Aneignung von — teils individuell biographischen, teils gesellschaftlich allgemeinen — Erfahrungen methodisch kontrolliert beschreiben.

Arnold Svensson
Anspielung und Stereotyp
Eine linguistische Untersuchung politischen Sprachgebrauchs
am Beispiel der SPD
1984. VIII, 223 S. 15,5 X 22,6 cm. Br.

Ausgehend von einem genuin sprachhistorischen Ansatz gelingt es in dieser Arbeit, Sprachmanipulationen im Sprachgebrauch der SPD aufzuzeigen. Zentrale Kategorie der semantischen Analyse ist hierbei die „Anspielung". Sie erklärt, warum bestimmte Texte als politische Texte rezipiert werden. Dieser genuin sprachhistorische Ansatz ist auch für den Deutschunterricht fruchtbar, da mit ihm bei der Behandlung des Themas „Politischer Sprachgebrauch" ein Ausufern des Deutschunterrichts in Geschichte und Politik vermieden wird.

Westdeutscher Verlag